Vente DURAND

TROISIÈME PARTIE

ILLUSTRATIONS

Suites complètes et incomplètes

DE

VIGNETTES

PORTRAITS DE LITTÉRATEURS, ETC.

PLANCHES DE CUIVRE

Vente du 26 au 31 Mai

Mᵉ DELBERGUE-CORMONT | M. VIGNÈRES

COMMISSAIRE-PRISEUR | MARCHAND D'ESTAMPES

PARIS — 1873

326ᵉ Vente — 26 au 31 Mai 1873

Monsieur **Durand** 3°

1083 Voltaire — 5.50
Frais d'enregistrer — 27
aff. des Catalogues Amériques Étrangers — 12
aff. des Cat. Français en Paris nouveau — 98
Distribution a Paris — 15
Port des 45 catal. chez M Durand — 1
Annonce au Moniteur universel 29 avril — 56
— Messager de Paris 24 avril — 18
— Soleil 27 avril — 13
— Journal de Paris 1ᵉ Mai — 10
Honoraires de Vignères — 1600
2405

note Delbergue 1959

Dépenses Delbergue — 1959 99   Total a déduire — 4365
— Vignères — 1.827 61
Dépenses totales — 3787.50
23 %. fait 3807.42

Total de la Vente 16554
Total des dépenses 4365
Total a payer 12,189
210
11979
Rendu 591 comte de Lafontaine

1484 — 75
2380 —
3489 — 50
330 . .
2952 — 25
3307 — 50
16915

8 — de 1000 — 8000
2 — de 500 — 1,000
25 — de 100 — 2500
8 — de 50 — 400
4 — de 20 — 80
11,980

CATALOGUE

ILLUSTRATIONS

Suites complètes et incomplètes

DE

VIGNETTES

Pour les œuvres des classiques français et étrangers

PORTRAITS DE LITTÉRATEURS

Et autres célébrités

PLANCHES DE CUIVRE, ETC.

Réunies par M. DURAND jeune, libraire

(Troisième partie)

DONT LA VENTE AURA LIEU

HOTEL DES COMMISSAIRES-PRISEURS

RUE DROUOT, 5, SALLE N° 7

AU PREMIER ÉTAGE

Du 26 au 31 Mai 1873

A UNE HEURE PRÉCISE

Me **DELBERGUE-CORMONT**, Commissaire-Priseur
rue de Provence, 8,

Assisté de **M. VIGNÈRES**, Marchand d'Estampes,
rue de la Monnaie, 21 (ancien 13), à l'entresol.

PARIS. — MAI 1873

CONDITIONS DE LA VENTE

L'ordre du Catalogue sera suivi.

Un ordre régulier de vacations étant difficile, vu le nombre de numéros contenant plusieurs lots, il sera vendu par jour de 200 à 250 lots.

Elle sera faite au comptant.

Les Acquéreurs paieront CINQ POUR CENT en sus du prix d'adjudication, applicables aux frais.

M. VIGNÈRES, dirigeant la Vente, se charge des Commissions.

Nota. Toute commission, sans prix fixé ou sans limite déterminée, sera regardée comme nulle.

M. Vignères se charge de faire marquer les prix aux Catalogues des ventes qu'il a faites. Les personnes qui le désirent peuvent s'adresser à lui franco.

Plusieurs Amateurs éloignés en ont reconnu l'utilité pour les guider dans leurs achats sur les valeurs des Estampes.

Les Catalogues des Ventes à faire seront envoyés aux personnes qui en feront la demande *affranchie*.

Avis. — Nous prions MM. les Amateurs éloignés de ne pas attendre au dernier jour, pour que les lettres arrivent le matin de la Vente : ils comprendront que quelques lettres peuvent se lire, mais de 20 à 50 lettres, c'est difficile.

Nous avons conservé les désignations de M. DURAND pour les suites complètes et les nombres.

Tous les numéros contenant plusieurs exemplaires complets pourront être divisés, selon la demande, par *exemplaire complet*.

M. VIGNÈRES se charge des commissions dans les ventes de Livres et Estampes autres que les siennes.

Choix de Catalogues avec prix marqués.

Produit total	16554	
Afficheur affichreurs 100 Colonti	50	60
Moniteur des ventes	37	70
Déclaration de Vente	2	20
Timbres du procès verbal	19	80
Enregistrement	397	90
Versement en bourse commune	521	70
Honoraires Delbergue Cormont	521	70
Clerc et Crieur	72	
Location de la Salle	176	20
Catalogues tirage à 1,000	866	
Transport a l'Hotel	12	10
Commissionnaires 6 jours	30	
Employés pour surcroit de travail	65	
Enregistrement et timbre de la Décharge	4	20
M. Saint Denis 1 Lot perdu	10	50
	2787	60
Deduire 5 % des acquereurs	827	70
	1959	90
	14594	10
Dépenses et Honoraires Vignères	1827	60
	12766	50
	57	50
	82189	60

CATALOGUE

ILLUSTRATIONS

Suites complètes et incomplètes de Vignettes

1 **Anderson**. 48 vignettes avant et avec lettre, par *Girardet* et autres. Superbes. Il y a des doubles.

2 **Andrieux**. D'ap. *Desenne*. 3 sujets, où se trouvent Baptiste aîné, M⁴ᵉ Mars, Mˡˡᵉ Dupuy, etc. 43 p. (Défets).

— Vignettes et portraits, avant et avec la lettre, 14 p.

3 **Anquetil**. Histoire de France, 40 vignettes grand in-8. — 3 exemplaires.

4 **Arioste**. Suite de 46 vignettes anciennes in-4, publiées à Londres, 1634. Curieuses et rares. 2 exemplaires.

5 — Suite complète de 45 p., d'ap. *Cochin*, pour Roland furieux. Belles ép. avant la lettre et avant les cadres. 4 exemplaires.

6 — Suite de 45 p., d'ap. *Cochin*, pour Roland furieux. Manque le portrait. Très belles ép., avec les cadres. La plupart tirage grand papier in-4.

7 — Suite complète de 46 p., d'ap. *Moreau, Eisen, Monnet*, pour Roland furieux. Belles ép. avant les cadres.

— Autre exemplaire, sans le portrait, 45 p.

8 — Suite complète de 46 p., pour Roland furieux, d'ap. *Moreau, Eisen, Monnet*, avec les cadres. Belles ép. Tirage in-4, grand papier. 3 exemplaires.

9 — La même suite, avec les cadres. Grand in-8.

10 — Roland furieux. 5 eaux-fortes, d'ap. *Cochin*. Rares.

11 — Roland furieux, par *Bartolozzi, Cipriani, Cochin, Eisen, Moreau* et autres. Ép. de graveurs avant le mot *Canto*; il y a des doubles, environ 120 p. (Défets).

12 — Roland furieux. Environ 220 p., d'ap. *Cochin*, 1775, avant et avec le cadre (défets); il y a des doubles.

13 — Roland furieux. Environ 280 p., par *Bartolozzi, Cipriani, Cochin, Eisen, Moreau*, etc. Belles ép. Ancien tirage, avant et avec les cadres et la lettre. (Défets).

14 — Suite de 24 vignettes sur bois, d'ap. *Johannot*, pour Roland furieux, sur chine, avant la lettre.

15 — Roland furieux. Environ 74 vignettes sur bois, d'ap. différents artistes; il y a des doubles.

16 — 2 fleurons différents pour titres, par *Johan-
    not*, avant la lettre, sur chine. 6 ép. de chaque.
    12 p. Toute marge.   1 . 5

17 **Auteurs anglais**. Réunion pour Sterne,
    Waller, Rambler e autres anciens et moder-
    nes. 115 p. Différents formats.   7 . 5

18 — Théâtre. 50 p. Imitation des pièces fran-   4
    çaises.

19 **Bacon**. Essays. 7 vignettes, d'ap. *Westall.*
    In-8.   } 2
    — Essais et poésies de Gray. Portraits et
    vignettes anglaises. 11 p.

20 **Balzac**. Vignettes sur bois, d'ap. *Johannot*,   2
    H. Monnier et autres. 18 p.

21 **Barthélemy**. Atlas du voyage du jeune   3
    Anacharsis. 39 p. in-4. En partie avant la
    lettre.

22 — Le même atlas, demi-rel., oblong.   1

23 — Suite de 6 p., d'ap. *Colin*. In-8. Eaux-fortes.   o
    Grand papier. 3 exemplaires.

24 — La même suite. 6 p. avant la lettre et   2 . 5
    6 eaux-fortes. 12 p. Grand papier.

25 — La même suite, avant la lettre, sur chine.   1
    Grand papier. 3 exemplaires.

26 — La même suite, avant la lettre, sur blanc.   1
    Grand papier. 6 exemplaires.

27 — La même suite. 6 p. Lettre grise. Grand pa-   o
    pier. 2 exemplaires. — 1 ex. avec la lettre.

28 — D'ap. *Deveria*, *Duvivier*. 29 p. Eaux-fortes   1
    in-12. Tirage in-8. 3 exemplaires. — 1 exem.
    Tirage in-12.   1

29 — Même suite. 29 p. avant la lettre. Tirage grand in-8. — Avant la lettre, in-18. 29 p.

30 — Voyage d'Anacharsis, in-8, d'ap. *Colin. Deveria, Duvivier* et autres, avant, avec, etc. 156 p. (Défets).

31 — Vignettes in-12 et in-32. 169 p. (Défets).

32 — Vignettes, portraits, cartes pour le voyage d'Anacharsis. Réunion de 120 p. Différents formats.

33 **Beaumarchais.** Suite complète pour le théâtre, d'ap. *Duvivier.* 7 p, dont le portrait. Ép. avant la lettre. Grand in-8. Dont 5 sont remargées.

34 — La même suite, de 7 p. in-12, avant la lettre. — 15 exemplaires.

35 — La même suite, avant, avec la lettre et eaux-fortes. 20 p. in-12.

36 — La même suite. Eaux-fortes et terminées avec la lettre. 14 p. in-12. — Autre suite de 12 p.

37 — La même suite, de 6 p. in-12, sans portrait, avec la lettre, 12 exemplaires.

38 — Suite complète de 6 eaux-fortes de la même suite, 3 exemplaires.

39 — De la même suite, 39 p., avant, chine et blanc, avec la lettre et eaux-fortes. (Défets).

40 — Mariage de Figaro. Suite complète de 5 vignettes, par *Malapeau*, d'ap. *Saint-Quentin.* Grand in-8.

41 — Suite de 5 p., par *Malapeau*, *Liénard* et autres. In-8.

42 — Des mêmes suites. 11 p. (Défets).

43 — Différents portraits de Beaumarchais, la
plupart avant la lettre, chine. 10 p. Quelques
doubles.

44 — D'ap. *Tony Johannot*. 4 vignettes et un portrait. Suite complète de 5 p., avant la lettre,
sur blanc. Grand in-8. Superbes ép. 2 exemplaires.

45 — La même suite, avec la lettre. 5 p. In-8.

46 — De la même suite, avant la lettre, chine et
blanc, avec la lettre et eaux-fortes, 35 p.

47 — Vignettes de *Duplessis-Bertaux*, d'après des
artistes anglais, d'ap. *Picou*, etc. Portraits des
principaux personnages. 29 p. (Défets).

48 **Belloy** (de). Théâtre, d'ap. *Borel* et autres.
15 p., dont 5 avant la lettre.

49 **Béranger**. Chansons. Suite complète de
104 vignettes, d'ap. *Charlet*, *Fragonard*, *Johannot*, *Granville*, *Grenier*, *Bellangé*, *H. Vernet*, etc.
In-8. Grand papier. Premier tirage. 2 exemplaires.

50 — Suite complète de 120 p. sur bois, de *Grandville*. Grand in-8. Ancien tirage. Papier blanc.
3 exemplaires.

51 — La même suite, sur chine volant. 120 p.

52 — De la même suite, de *Grandville*. 120 p.,
premier tirage, et 20 d'ap. *Bellangé*, *Raffet*, etc.
avec cadre. 140 p. — 3 exemplaires.

3 » 53 — De la même suite. 149 p., premier tirage; et 20. — 139 p.

2 54 — De la même suite. 117 p., premier tirage, et 20. — 137 p.

3 55 — De la même suite. 100 p. et 20. — 120 p. — 2 exemplaires.

2 56 — Des mêmes suites. 110 p. — 108 p.

1.50 57 — De la petite suite, par *Henri Monnier*. Beaucoup de doubles. 6 différents. 126 p.

4.50 58 — Portraits et sujets divers. 14 p.

3 59 — Vignettes d'ap. *Lemud* et autres. Grand in-8. Portraits et sujets, plusieurs ép. d'artistes signées. 39 p. avant et avec la lettre. (Défets).

1.75 60 **Berchoux.** Poême de la Gastronomie, la Danse, Épitre sur les Grecs et les Romains, Ninon donnant sa bibliothèque à Voltaire. 4 p. avant la lettre. Grand in-8 sur chine. 12 exemplaires.

1 61 — De la même suite des 4 p. avant la lettre, chine. 83 p. Grand in-8. Des doubles.

6 62 **Bernardin de Saint-Pierre.** D'ap. *Moreau,* Paul et Virginie et la Chaumière indienne. In-18, pour édition originale, eaux-fortes, avant et avec la lettre. 102 p. (Défets).

1 63 — Édition Lefèvre, 75 vignettes par *Corbould,* eaux-fortes et terminées. (Défets).

3.50 64 — Édition Corbould. 132 p. avant et avec la lettre. Grand in-8. (Défets).

65. — Édition Méquignon. D'ap. *Desenne*. 22 p. à l'eau forte, dont la mort de Virginie, d'ap. *Prudhon*. In-8. (Défets).

66. — Même édition. 122 p. d'ap. *Moreau*, *Desenne*, etc. La plupart avant la lettre. Grand in-8. Il y a 6 vignettes avant la lettre par *Henriquel Dupont*, et 5, mort de Virginie, d'ap. *Prudhon*. (Défets).

67. — D'ap. *Desenne*, par des graveurs anglais, avant et avec la lettre. 20 p. (Défets).

68. — D'ap. divers. Différents formats. 42 p. (Défets).

69. — D'ap. divers. En tout genre. 96 p. (Défets).

70. — De diverses suites. 128 p. (Défets).

71. — Édition Corbould. Eaux-fortes. Suite complète de 11 p. Grand in-8. En plus, une pièce qui n'a jamais été finie. 12 p.

72. — La même suite avant la lettre. 11 p., chine et blanc. 2 exemplaires.

73. — La même suite avant la lettre. 11 p. sur blanc. 2 exemplaires.

74. — La même suite avant et avec lettre. 11 p., chine et blanc, et 4 exemplaires avec la lettre, blanc.

75. — Édition Corbould. Suite complète de 9 p. Fleurons, papier de Chine, avant la lettre. — Autre, chine et blanc. — Autre sur blanc.

76. — Édition Curmer. Suite complète de 30 p. sur bois, papier de Chine, avant la lettre.

77 — D'ap. *Johannot*. 8 portraits et carte, sur
chiné.

78 — De la même suite. Marguerite, à l'eau
forte ; la Bramine, avec la remarque ; le Doc-
teur, avant la lettre. Plusieurs ép. 41 p. (Défets).

79 — Suite complète de 17 p., d'ap. *Desenne, Girodet, Laffitte, Moreau*, avant la lettre, moins
une. On a ajouté Philoclès. 18 p.

80 — La même suite, avant la lettre, moins 2.
avec la lettre, 17 p.

81 — Suite de 5 p. Édition Méquignon. Grand
in-8. On a ajouté Bernardin, Paul et Virginie.
8 p.

82 — D'ap. *Desenne*. Suite complète de 5 p. Papier
de Chine, avant la lettre, avec le portrait.
5 p.

83 — Suite de 9 p. de diverses éditions. In-18.
Avant la lettre. — 8 p. — 7 p. 3 exemplaires.
En tout 38 p.

84 — D'ap. *Desenne*. Suite complète de 4 p. et le
fleuron. Avant lettre, chine et blanc. Ajouté
Bernardin, Paul, Virginie et 2 vignettes du
voyage. En tout 10 p.
— Même suite, 4 p., dont 3 avant la lettre.

85 **Bernus**. Sujets gracieux : Jugement de Pâris,
Vénus, les Grâces, Triomphe de l'Amour, etc.
41 p. diverses.

86 **Berquin**. Collection de 182 vignettes, d'après *Borel*, avant 1789. Jolies compositions, avant la lettre, grande marge. 31

87 — La même suite, 153 p. avant la lettre. 13 Vig

88 — La même suite, 144 p. avant la lettre. 7 50

89 — La même suite, 106 p. avant et avec la lettre. 5 50

90 — Idylles, d'ap. *Marillier*. 29 p. in-18 et in-12. 5 V.

91 **Bible** (la Sainte), 1640, sur bois. 77 p. au *recto* et au *verso*, avec texte au bas. Cahier petit in-fol. 5 0

92 — Même suite, 1666, sur bois. 52 p. au *recto* et au *verso*, texte au bas. Cahier petit in-fol. 2 75

93 — Même suite, 1724, sur bois. 136 p., des doubles. 1 75

94 — Sujets et figures de Prophètes, par *Léonard Gaultier*, *Ziarnsko*, etc. 66 p. avec texte. 3 50 Vig

95 — Histoire de Samson, d'ap. *Verdier*. 40 p. — Pièces tirées des Loges de Raphaël et Chemin de la Croix. 33 p. — En tout 73 p. 4

96 — D'ap. *Marillier*. In-8. 215 p. Très-belles ép. avant les cadres, avec la lettre. 18

97 — Même suite. 142 p. Très-belles ép. avant les cadres. 12 Vig

98 — Même suite. 92 p. Très-belles ép. avant et avec la lettre, avec cadres. 4 75

99 — D'après *Marillier*. 300 vignettes, la plupart très-belles ép. avant la lettre, avec les cadres et avec la lettre. Format in-4. Il manque 9 p. Il y a quelques pièces avant les cadres. 70

100 — Édition de Lefèvre, d'après *Deveria*. Suite complète de 64 p., eaux-fortes, le classement est indiqué.

101 — La même suite. Manque 1, 3, 40, donc 61 p.

102 — La même suite. Eau-forte, 56 p.

103 — La même d'ap. *Deveria* superbes ép. avant la lettre, suite complète 64 p. grand in-8. sur blanc, 7 exemplaires dont 1 incomplet de 3 p.

104 — La même suite complète 64 p. avant la lettre, chine grand papier, superbes ép.

105 — La même suite de 64 p. avant la lettre chine et blanc grand papier 2 exemplaires.

106 — La même suite 60 p. avec la lettre, chine in-8.

107 — Suite complète de 20 vignettes in-12 sur chine marge grand in-8, gravées par *J. Adam* pour une édition espagnole, 5 exemplaires.

108 — La même suite avant la lettre sur blanc.

109 **Bible** (la sainte) réunion de vignettes d'après *Bird* et autres, 30 p. sur chine marge in-4.

110 — Suite complète de 100 p. d'après *Taylor* et autres, 1820, très-belles ép. très-grand papier in-4.

111 — Vignettes d'après *Westall* et autres artistes anglais, très-grand papier in-4, belles ép. chine et blanc 35 p. lettres grises.

112 — La même suite d'après *Westall* 31 p. in-4, lettres grises.

113 — La même suite 31 p. grand in-8, lettres grises.

114 — Vignettes d'après *Martin*, *Westall* et autres   2.25
50 p. sur bois marge in-4, très-belles ép.

115 — Réunion de sujets d'après les tableaux des
anciens maîtres, format in-4, la plupart avant
la lettre, publiée en 1840 et suivantes, par des
graveurs anglais, 82 p. superbes ép.

116 — Réunion de sujets par des graveurs français
d'après les tableaux des maîtres. in-8 et in-4,
la plupart avant la lettre et sur chine 63 p.

117 **Bible** (la sainte) d'après les grands maîtres et
par l'élite des graveurs français (dit la Bible de
Furne). Suite complète|avant la lettre sur chine
34 p. dans son portefeuille.

118 — Sujets d'après les grands maîtres, Bible de
Furne 26 p. avant la lettre, tirage in-fol.

119 — Même suite, même format 24 p. avant la
lettre.

120 — Même suite, avant la lettre in-fol. 24 p.

121 — Sujets d'après les grands maîtres, Bible de
Furne, 37 p. grand in-8.

122 — De la même suite, doubles, 69 p. (Défets).

123 — Les Femmes de la Bible, 45 p. très-grand
in-8, très-belles ép. ancien tirage.

124 — Suite de 13 vignettes, 2 exemplaires. — 41
sujets lithog. ayant rapport en tout 67 p.

125 **Nouveau Testament** d'après *Marillier* et
Monsiau, suite complète de 95 vignettes avec
les cadres, belles ép. avant la lettre grand
papier, marge. in-4.

126 — D'après *Moreau*, 83 vignettes in-8 avec la lettre.

127 — D'après *Moreau*, 43 vignettes la plupart avant la lettre.

128 — D'après *Moreau*, 29 vignettes avant et avec la lettre, 2 exemplaires.

129 — Portraits en pied de saints et saintes publiés par Furne, 26 p. belles ép. grand in-8.

130 — De la même suite 22 p.

131 — Les Évangelistes d'après *Moreau*, suite complète de 88 p. in-8. — Autre de 82 p. in-8.

132 **Bitaubé**. Vignettes pour l'histoire de Joseph d'ap, *Marillier* plusieurs suites de 9 p. in-18. — 128 p.

133 — D'après *Martinet*, 12 p. grand in-8 plusieurs suites avant la lettre et eaux-fortes 57 p.

134 — D'après *Monnet*, 18 p. in-4 avant la lettre avec les cadres — la même suite, 8 p. in-8, les cadres effacés, 3 exemplaires, en tout 42 p.

135 **Boccace**. Décaméron, suite complète de 144 p. d'ap. *Gravelot* pour l'édition de 1757.

136 — Suite complète de 8 p. avec allégories d'ap. *Marillier* grand in-8. — 2 exemplaires.

137 **Boileau**. Diverses suites de 6 p. anciennes, pour le Lutrin et autres, par *B. Picart*, par *Noblin* et autres, 19 exemplaires in-12 et 85 p. (Défets).

138 **Boileau**. Lutrin par *Chereau*. 7 p. in-4.

139 — Lutrin d'ap. *Choquet*, 6 p. in-12 et le portrait avant la lettre grand in-8 et 1 double 8 p.

140 — Edition Desmalis, d'ap. *Deveria, Grandville, Johannot* par Clerget, Brevière etc. 17 p. grand in-8. avant la lettre et titres 23 p. — 22 p. — 20 p., 4 exemplaires.

141 — La même suite 17 p. coloriées, 11 exemplaires.

142 — Lutrin d'ap. *Desenne*, suite complète, 6 p. et le portrait, 7 pièces avant la lettre sur chine, grand papier in-4, superbes. 2 exemplaires.

143 — La même suite d'ap. *Desenne*, 7 p. avant la lettre, chine et blanc, grand papier, 4 exemplaires.

144 — La même suite, 7 p. grand in-8, avant chine blanc et avec la lettre, 2 exemplaires.

145 — La même suite, 7 p. grand in-8 avant la lettre blanc, 4 exemplaires.

146 — La même suite, 7 p. grand in-8 avant la lettre blanc et 4 eaux fortes, 11 p. — autre, 6 p. et 6 eaux fortes, 12 p.

147 — La même suite, d'ap. *Desenne*, 7 p. avec la lettre, grand in-8 superbe.

148 — Edition Didot, suite complète de 9 p. en travers. d'ap. *Fortin*, par *Girardet*; superbes ép. grand in-8 avant la lettre, 8 exemplaires.

149 — Suite de 7 vignettes gravées à l'eau-forte par *Hillemacher*, avant la lettre très grand papier vergé, 4 exemplaires.

150 — Lutrin, d'ap. *Moreau*, suite complète de 7 p., très-belles ép. avant la lettre in-4, superbe collection, 4 exemplaires très-rares.

151 — De la même suite, d'ap. *Moreau*, avant et avec la lettre 27 p. (Défets).

152 — Fleurons par *B. Picart* pour en-têtes des œuvres, 8 p., 2 exemplaires.

153 — Suite de 8 p., d'ap. *B. Picart*, 2 exemplaires.

154 — Lutrin, d'ap. *B. Picart*, 6 eaux-fortes et 7 p. terminées, 13 p. grand in-8.

155 — Œuvres, d'ap. *Staal* suite complète de 7 p. très belles ép. grand in-8.

156 — Œuvres d'ap. *H. Vernet*, *Hersent*, *Bergeret*, *Garnier*, *Roehn* etc., suite complète de 12 eaux-fortes grand papier, édition Blaise; l'eau forte du portrait de Racine n'existe pas. Magnifique exemplaire.

157 **Boileau**, la même suite, édition Blaise, 13 p. grand papier avant la lettre sur blanc superbe.

158 — La même suite, 13 p. chine et blanc avant la lettre.

159 — La même suite avant la lettre dont 1 ép. avec.

160 — La même suite avant la lettre dont 2 ép. avec.

161 — La même suite, grand in-8 avec la lettre, épreuve au simple trait, superbe.

162 — La même suite, lettre grise, 13 p. grand in-8.

163 — La même suite, in-8, 13 p. lettre grise, 2 exemplaires.

164 — La même suite avec la lettre, 4 exemplaires.

165 — D'ap. *Cochin*, le Lutrin, 18 p. (Défets).

166 — Edition de Blaise, 53 avant la lettre et eaux-
fortes, 50 avec la lettre, en tout 103 p. d'ap.
Hersent, H. Vernet etc., grand papier (Défets).

167 — D'ap. *Desenne*, avant et avec la lettre, 30 p.
(Défets).

168 — Édition de Desmalis, sur bois, 40 p. (Défets).

169 — D'ap. *Fortin*, par *Girardet*. 27 p. (Défets).

170 — D'ap. Marillier et *Monsiau*, avant et avec la
lettre, 20 p. in-4. (Défets).
— D'ap. *B. Picart, Choquet* etc. 17 p. (Défets).

171 **Boissard**. D'ap. *Monnet*. Suite complète de
9 p. pour les Fables, in-8 toute marge, 7 exemplaires.

172 **Bossuet**. Histoire universelle, de Curmer,
10 p. grand in-8. — 2 exemplaires.

173 **Buffon** et Lacépède. Histoire naturelle, 102 p.,
la plupart en couleur.

174 — Animaux, oiseaux etc., 123 p. en couleur et
26 en noir, des doubles.

175 — Oiseaux 74 p. d'ap *Traviès et Janet-Lange*,
en noir, grand in-8.

176 — De la même suite, oiseaux et mammifères,
98 p. en noir.

177 — D'ap. *Victor Adam*, suite complète de 80 p.
coloriées oiseaux et mammifères grand in-8.

178 — Oiseaux et quadrupèdes, d'ap. *Traviès, Janet-
Lange et Werner*, 56 oiseaux, 38 quadrupèdes,
34 poissons, ovipares, cétacés, en tout 128 p.
grand in-8, très-bien coloriées, 3 exemplaires.

179 — De la même suite, 104 p. coloriées.

4 — 180 — De la même suite, 63 p. — 62 p. — 46 p. coloriées.

2 — 181 — D'ap. *Chazal, Meunier, Pretre, Traviès*, etc., suite de 220 pièces grand in-8 en noir.

3.50 182 — D'après *Pretre*, 171 p. in-4, coloriées.

4.50 183 — Oiseaux étrangers d'ap. divers artistes, 80 p. coloriées.

3 — 184 — Lacépède. Suite complète de 36 p. d'ap. *Traviès*, grand in-8 coloriées 4 exemplaires.

2 — 185 — D'ap. *Traviès*, Galerie ornithologique 45 p. coloriées, notions préliminaires par Perrot. Fleurs, 17 p. coloriées, 4 Types et caractères anciens, en tout 66 p.

8.50 186 — **Byron** (Lord), suite complète de 20 fleurons
7.50   d'ap. *Johannot*, belles ép. d'artiste avant la lettre, chine in-8, 2 exemplaires.

3.75 187 — La même suite, 2 ép. remargées — autre
3.75   suite toute remargée.

2 — 188 — La même suite, de 20 p. 2 sont avec le titre.

1.25 189 — La même suite 17 p. — autre de 16 p. — autre de 16 p., dont 2 avec le titre.

2.25 190 — Fleurons et vignettes d'ap. *Tony Johannot*, 85 p. avant la lettre chine et avec. (Défets.)

8.50 191 — Suite complète de 12 vignettes d'après
9 —   *Johannot*, épreuves d'artiste avant la lettre, chine
8.50   grand in-4 superbe, 3 exemplaires.

10.50 192 — De la même suite, 11 vignettes à l'eau-forte, très-rares grand in-4.

2.50 193 — La même suite de 12 p. avec la lettre in-4, ép. de souscription, superbe.

194 — La même suite, 12 p. in-8 avec la lettre.

195 — La même suite, 10 p. dont 3 avec la lettre, les autres avant la lettre, chine grand papier.

196 — De la même suite, 40 p. avant, avec la lettre et eaux-fortes, des doubles (Défets).

197 — Suite complète de 21 p. d'ap. *Westall* in-8, blanc avec la lettre.

198 — La même suite, petit papier, chine et blanc.

199 — Suite complète de 28 p. d'ap. *Westall*, y compris les titres, belles ép. grand papier chine in-4.

200 — La même suite, 28 vignettes et 16 eaux-fortés, belles ép. grand in-8, en tout 44 p.

201 — La même suite, avec 12 eaux-fortes, en tout 40 p. avant et avec la lettre chine.

202 — Vignettes anglaises d'ap. *Westall* 13 p. in-8.

203 — Eaux-fortes d'ap. *Westall*, 56 p. in-8, des doubles (Défets).

204 — Réunion de vignettes diverses d'après différents artistes, 28 p.

205 **Cabinet des Fées**. 78 Vignettes d'après *Marillier*, in-8. Superbes ép., très-grand papier.

206 — Même collection. 185 p., gr. in-8.

207 — Même collection, in-8, 188 p.

208 **Camoens**. Lusiades. 8 p. in-4 avant la lettre des doubles.

— Vignettes diverses in-18, 23 p.

209 **Campenon**. Vignettes diverses pour l'Enfant prodigue, 16 p.   45
— Vignettes diverses pour l'Enfant prodigue, 29 p. chine et blanc des doubles (Défets).

210 **Castel**. Poëme pour l'amour des plantes. 9 p. avant la lettre et eaux fortes.

211 **Caylus** (comte de). Suite complète de 24 p. in-8, d'après *Marillier*. 2 exemplaires.

212 **Cazotte**. Le Diable amoureux, vignette in-8, d'après *Marillier*. 5 épreuves.

213 — Suite complète de 12 p. pour Ollivier, d'ap. *Lefevre*, avant la lettre et eaux-fortes. 24 p. grand in-8.

214 — Pour Ollivier, d'ap. *Lefevre*, in-12, 9 p. — 8 p. avant la lettre et 7 p. eaux-fortes, en tout 24 p.   41

215 — Même suite, 17 p. in-8 et in-18 avec la lettre (Défets).

216 — Edition originale, 35 p. avant et avec la lettre, et eaux-fortes, le portrait, des doubles.

217 **Cervantes**. Don Quichotte, d'après *Charlet*, suite complète de 10 p. avant la lettre sur chine. Grand in-8.

218 — La même suite, 10 p. avant la lettre chine et blanc. 3 exemplaires.

219 — Don Quichotte, d'ap. *Choquet*, suite complète de 6 p. grand in-8 avant la lettre blanc, — avant la lettre chine et blanc. 2 exemplaires, en tout 3 suites.

220 — Par *Berger*, d'ap. *Chodowiecki*, 23 p.

221 — D'ap. *Courtin*, suite complète de 16 p. avant la lettre blanc. — La même, in-18.

222 — D'ap. *Coypel*. Suite complète de 31 p. in-8 petit format. 6 exemplaires.

223 — Don Quichotte et les Pélerins du Nord, d'après *Desenne, E. Lami, Horace Vernet*. Suite complète de 18 p. avant la lettre; tirage in-fol. sur papier de Chine double. Exemplaire unique.

224 — Même suite de 18 p. avant la lettre sur chine, grand papier. Superbe.

225 — Même suite avant la lettre chine et blanc, grand papier. 2 exemplaires de 18 p.

226 — La même suite, in-8, avec la lettre. 12 p.

227 — De la même suite, 15 p. à l'eau-forte. 12 p., en tout 28 p.

228 — Don Quichotte; édition de Desoer. Suite complète de 12 p., d'ap. *Deveria*, grand in-8 avant la lettre, chine et blanc. 2 exemplaires.

229 — Don Quichotte, d'ap. *Deveria*. Suite complète de 6 p. avant la lettre sur chine, grand papier. Très-rare; on a joint 5 eaux-fortes, blanc, en tout, 11 p.

230 — La même suite de 6 p., avant la lettre, grand papier. 6 exemplaires.

231 — La même suite de 6 p., d'ap. *Deveria*, in-8, avec la lettre. 17 exemplaires.

232 — De la même suite, 33 p. avant la lettre chine, blanc et eaux-fortes, grand papier (Défets).

233 — Don Quichotte, suite de 8 gravures à l'eau forte, par *Denon*, grand papier. 3 exemplaires.

234 — Don Quichotte, d'ap. *Navarro* et autres artistes espagnols, 20 p. grand in-8 avant la lettre. 3 exemplaires, rares.

235 — Don Quichotte, 20 p., par *Trichon*, d'ap. *Célestin Nanteuil* et autres. In-8 sur bois.

236 — Don Quichotte, d'ap. *Westall*, suite complète de 24 p., superbes ép., tirage in-4, lettre grise sur chine.

237 — Edition Renouard, suite de 15 p. d'après différents artistes, avant la lettre. chine et blanc. 2 exemplaires.

238 — Don Quichotte, 15 vignettes, manière noire, in-4, gravées par *Lavallée* et autres, d'ap. des artistes espagnols, imprimé en couleur. 2 exemplaires, grand papier.

239 — De la même suite, 8 p. (Défets).

240 — Suite de 11 vignettes d'ap. *Rivelles*, gravées en Espagne, in-8. Rares.

241 — Réunion de vignettes diverses, 53 p.

242 — Don Quichotte, suite de 10 p. in-18. Ancienne édition anglaise, 1800.

— Vignettes anciennes, 32 p., — autre, 22 p.

— Vignettes anciennes, différents artistes, 52 p., — autre, 45 p.

— Par *Boutatts*, 20 p., — autre de 20 p. sur bois.

243 — Edition de *Renouard*, 37 p. avant la lettre. (Défets).

244 — Edition de Desoer, 20 p. d'ap. *Deveria*, belles ép. avant la lettre (Défets).

245 — D'ap. *Le Barbier* et *Lefevre*, suite complète de 24 p. in-8 avant la lettre.

246 — La même suite avant et avec la lettre, avant et avec les cadres. 6 exemplaires.

247 — Don Quichotte, 40 vignettes de diverses suites et de divers artistes, sur bois et autres. (Défets).

248 — Don Quichotte lisant, d'ap. *Bonington*, la Duchesse à la chasse. Cartes de ses voyages, 12 p. Superbes.

249 — Nouvelles, d'ap. *Ximeno* et autres, 15 p., — d'ap. *Folkema*, 13 p., — et de la même suite 19 Défets, en tout 47 p.

250 — Les Pèlerins du Nord, suite complète de 6 p., d'après *Deveria*, avant la lettre, chine, grand papier.

251 — La même suite de 6 p. avant la lettre blanc, grand papier.

252 — La même suite de 6 p. avant la lettre, chine et blanc, 2 exemplaires.

253 — De la même suite avant la lettre, chine et blanc et eaux-fortes, avec la lettre, 43 p. (Défets).

254 **Chateaubriand**, d'ap. *Alaux* ; Atala, René et les Abencerages. Suite complète de 4 p., eaux-fortes] avant la lettre chine, avant la lettre blanc et avec la lettre, 16 p. grand in-8. Superbes. 6 exemplaires.

255 — D'après *Johannot*, suite complète, de 24 p. gr. in-4 avant la lettre chine. Très-rares.

256 — La même suite de 24 eaux-fortes grand in-8. Belles ép. rares.

257 — La même suite de 25 p. avec la lettre dont le portrait, grand in-8. Superbes ép. 2 exemplaires.

258 — De la même suite, 33 eaux fortes grand in-8 (Défets).

259 — Fleurons par *Johannot*, 34 p. grand in-8 avant la lettre sur chine, des doubles.

260 — Fleurons par *Johannot*, 120 p. grand in-8 avant la lettre sur chine, des doubles (Défets).

261 — Atala, René, 19 p. d'ap. différents artistes, plusieurs avant la lettre ; il y en a de très-rares, des doubles.

262 — Atala, René, d'ap. *Choffard*, pour l'édition originale avant, avec et eaux fortes, 23 p. (Défets).

263 — Génie du christianisme, édition originale, 9 p., d'ap. *Le Barbier*, suite complète avant la lettre ; très-rares. 2 exemplaires.

264 — De la même suite, 19 p. avant et avec la lettre et eaux-fortes (Défets).

265 — D'ap. *Deveria*, Atala, René, Abencerage, suite complète de 3 p. grand in-8 avant la lettre chine. 7 exemplaires.

266 — La même suite de 3 p. grand in-8 avant la lettre blanc et chine et blanc. 5 exemplaires.

267 — Atala, d'ap. *Blaisot*, par *Bosselman*, in-4, 6 p. 3 exemplaires.

268 — Réunion de différentes suites de *Johannot*, de Furne, avant, avec, chine, blanc. 110 p. (Défets).

269 — Edition Pourrat. Suite de 90 portraits et vignettes d'ap. *Johannot, Raffet, Horace Vernet*, grand in-8, 1er tirage, chine et blanc.

270 — La même suite de 90 p. sur blanc, grand in-8, 1er tirage. 2 exemplaires.

271 — De la même suite, 158 p., avant et avec la lettre (Défets).

272 — Vignettes d'ap. *Alaux*, avant la lettre chine et blanc et avec la lettre, 87 épreuves de l'Abencerage, — 82 épreuves de René, — 77 épreuves Chactas et Atala, — 85 épreuves Communion d'Atala, — Atala délivrant Chactas, d'ap. *Deveria*, 145 épreuves, en tout 476 p. Il faut 5 p. pour la collection complète.

273 **Chenier**. Vignettes pour la tragédie de Charles IX, 14 p. d'ap. *Borel*, in-8, avant et avec la lettre (Défets).

274 — D'ap. *Borel* et *Le Barbier*. Portraits, 9 p. Rares.

275 **Choderlos de la Clos**. Les liaisons dangereuses, 7 p. in-12 d'ap. *Chasselat*, avant la lettre.

276 — D'ap. *Deveria* et *Chasselat*, 7 p. grand papier, avant la lettre.

277 — La même suite, 10 p. dont des eaux-fortes, tirage grand in-8 chine et blanc, 2 exemplaires.

278 — De la même suite, eaux-fortes, 2 exemplaires de 6 p.

279 — Édition Bossange, 1820, d'ap. *Deveria*, 7 p. avant la lettre et avec, 3 exemplaires.

280 — De la même suite, 48 p. avant et avec la lettre (Défets)

281 — D'ap. *Le Barbier*, 20 p. in-12 avant et avec la lettre.

282 — D'ap. *Monnet*, édition 1796, in-8, 13 p. avant la lettre, 6 eaux-fortes, en tout 19 p. 2 exemplaires.

283 — De la même suite, 12 p. avant et avec la lettre et 10 eaux-fortes, en tout 22 p.

284 — De la même suite, 52 p. terminées avant et avec la lettre et 37 eaux-fortes, en tout 89 p. (Défets).

285 **Clotilde de Surville**, d'ap. *Desenne*, 7 jolies vignettes in-12.

286 **Colardeau**, Portraits et vignettes diverses, 22 p.

287 **Collin d'Harleville**. Différentes suites de vignettes de 8 et 9 p. in-18 à l'eau-forte et terminées et autres, in-8, en tout 160 p.

288 **Contes orientaux**. Mille et un jours, 10
suite complète, d'ap. *Deveria*, 10 p, in-8 avant
la lettre chine et 10 eaux-fortes, 20 p., grand
papier.

289 — Même suite, 9 p. avant la lettre chine, 10 p. 6 . 5
avant la lettre blanc et 10 eaux-fortes, en tout
29 p. grand papier.

290 — Même suite de 9 p. avant la lettre chine et 1 . 5
10 eaux-fortes, en tout 19 p., grand papier.

291 — Même suite complète, 10 p. avant la lettre 1 . 5
chine et blanc et 10 eaux-fortes, 20 p., grand
papier.

292 — Même suite avant la lettre, 10 p. papier 3
blanc et 10 eaux fortes. 3 exemplaires grand
papier.

293 — La même suite, 10 p. avec la lettre, grand
in-8.

294 — De la même suite avant la lettre chine et   4
blanc, 36 p., grand papier (Défets).

295 — De la même suite avec la lettre, 36 p. grand
in-8.

296 — Vignettes à claire-voie pour les Contes orien- 1
taux, 97 p. in-8, des doubles (Défets).

297 — Tales of the Genii, suite de 7 p. d'ap.   1
Westall, avant la lettre blanc, grand in-8.
— La même suite avant la lettre chine et
blanc.

298 **Conteurs** (les Petits). Suite complète. 21
Grécourt, Piron, Voltaire, d'ap. *Duplessis-Bertaux*, 48 très-petites pièces, marge gr. in-8.

299 **Cooper** (Fenimore). Suite complète de 27 fleurons pour les titres, par les frères *Johannot*, avant la lettre chine, toute marge in-8. 5 exemplaires.

300 — La même suite avec la lettre. 27 fleurons. 2 exemplaires.

301 — Suite complète de 27 vignettes gravées à l'eau-forte par les frères *Johannot*, avec la lettre sur chine.

302 — Choix de vignettes par les frères *Johannot* et autres belles ép., la plupart avant la lettre chine, grand papier in-4, 36 p.

303 — Choix de 33 p. des mêmes collections.

304 — Vignettes des mêmes suites, doubles, grand papier. 37 p. (Défets).

305 — Doubles des mêmes collections. 38 p., il y a en plus des cartes géographiques (Défets).

306 **Corneille** (P.). Imitation de Jésus-Christ. Suite de 6 p. in-18.

307 — Suite de 7 p. grand in-8.

308 — D'ap. *Deveria*. Suite de 13 pièces. Avant, avec et eaux-fortes (incomplet).

309 — Imitation et les Évangiles, d'ap. *Johannot*. 120 p., grand in-8. Belles ép., 1er tirage, édition Curmer.

310 — Suite de 8 p. grand in-8 d'ap. les grands maîtres. Ép. avant la lettre.

311 — D'ap. *Horace Vernet*. 20 p. avant la lettre et eaux-fortes. Grand in-8, des doubles.

312 **Corneille**. Les Évangélistes, suite de 5 p.   1.50
d'ap. *Albrier*. Papier de Chine, grand in-8, plus
2 suites, eaux-fortes, en tout 15 p.

313 — Imitation de Jésus-Christ. — Vie de la   7.50
Vierge, beau choix de vignettes d'ap. les
maîtres anglais et français. Ép. avant la lettre
et eaux-fortes. 64 p., grand in-8.

314 — Pour les mêmes ouvrages, 99 p. d'ap. les   25
grands maîtres. Grand papier.

315 **Corneille** (P.). Théâtre. Suite complète de   2.50
34 p. in-12, époque de Louis XIV. — 24 p. —
23 p. très-anciennes.

316 — D'ap. *Deveria*, in-18, et Thomas. 17 p. avant   5
la lettre. 5 exemplaires.

317 — D'ap. *Deveria*. Avant la lettre, chine et blanc.   3.50
43 p. (Défets).

318 — D'ap. *Gravelot*, suite complète de 35 p. in-8,   5.0
avant les cadres, 1er tirage, 2 exemplaires. —   4.0
2 autres moins 2 p.   6

319 — Même suite avant les cadres, in-8. 65 p.   8
(Défets).   6

320 — Même suite avec les cadres. 44 p. (Défets).   4

321 — D'ap. *Bayalos*, suite complète de 12 p. Belles   10
ép., tirage in-4 sur chine.

322 — La même suite, 12 p. avec la lettre, in-8.   1

323 — D'ap. *Moreau*, suite complète de 26 p. avant   25
la lettre, grand in-8. Le portrait est très-rare,
avant la lettre; suite très-rare.

324 — La même suite, avant la lettre, les portraits avec la lettre. On a joint le Festin de Pierre et Psyché. 28 p., très-rares.

325 — La même suite, avec la lettre, ancien tirage. Il y a 4 ép. avant la lettre, manque Nicomède. 25 p. grand in-8.

326 — La même suite, 26 p. avec la lettre, dont 2 pièces avant la lettre pour l'Imitation. 1er tirage très-rare.

327 — De la même suite, superbes ép., grand in-8, 1er tirage 57. Des doubles (Défets).

328 — De la même suite, 7 p. à l'eau-forte, 31 p. très-belles avant la lettre. 24 p. du 2e tirage cadres effacés, en tout 59 p. Il y a 2 ép. du Christ d'ap. *Prudhon*. Des doubles (Défets).

329 — Suite complète de 25 p., ép. retouchées, les cadres effacés, grand papier, sur chine.

330 **Corneille**. Vignettes anciennes pour ses œuvres, 56 p. différentes suites. — 63 p. de diverses suites (Défets). En tout 119 p.

331 — Andromède, Médée, Cinna, etc., 42 p. Des doubles.

332 — Andromède, Psyché et autres, 4 sujets différents, 58 p.

333 — Vignettes et Portraits divers, différents formats, 40 p.

334 **Corneille** (Thomas). Suite de 29 p. in-18. Anciens costumes Louis XIV, 2 exemplaires.

335 — Suite de 38 p. in-12. Anciens Costumes Louis XIV. — 33 p. — 30 p. — 18 p., 2 exemplaires.

336 **Cottin** (Mme.). Vignettes anglaises, 5 p. in-8, 2 exemplaires et 1 exemplaire in-18.

337 — Suite complète de trois p., d'ap. *Colin*, pour Élisabeth. Grand in-8, avant la lettre, chine. 2 exemplaires.

338 — La même suite, grand in-8, avant la lettre, blanc. 4 exemplaires.

339 — La même suite, avant la lettre et eaux-fortes, 6 p. Grand in-8 sur chine, 2 exemplaires.

340 — Suite complète de 25 p, in-18, tirage in-8, d'ap. *Deveria*, avant la lettre et 20 eaux-fortes, 45 p. 3 exemplaires dont 1 in-18.

341 — Vignettes pour Élisabeth, etc., anglaises et françaises. 62 p. (Défets).

342 **Cowper** (W.). Table Talk. — Tast. — The minor poems. 18 p. in-8 d'ap. *Westall.* Suites complètes.

343 — Réunion de 32 p. pour les œuvres d'ap. *Westall*, in-8. Il y a des doubles.

344 **Crébillon.** D'après *Deveria.* Suite de 10 vignettes in-12 dont le portrait, Ép. avant la lettre. 2 exemplaires.

345 — D'après *Deveria*, suite de 7 vignettes in-8 dont le portrait. 2 exemplaires.

346 — D'ap. *Deveria*, de la suite in-12 et de celle in-8, ép. avant la lettre, la plupart sur chine, grand papier. 15 p. (Défets).

13 347 — D'après *Monnet*, suite complète de 10 vignettes dont le portrait. Ep. avant la lettre. On
a joint Rhadamiste et Zénobie en costumes
Louis XV. Très-belles ép. remontées à châssis,
11 p. Grand in-8.

4 348 — D'après *Monnet*, suite complète de 10 vignettes dont le portrait, ép. avant la lettre. On
a joint Rhadamiste et Zénobie. 11 p.

1.50 349 — La même suite sans le portrait, avec Rhadamiste et Zénobie. 10 p.

3 350 — La même suite de 10 vignettes avant la
lettre.

2 351 — La même suite de 10 vignettes avec la
lettre.

40 352 — D'après *Moreau*, suite complète de 10 vignettes in-8 avant la lettre, grand papier, dont
le portrait par *Saint-Aubin*, superbe exemplaire très-rare. Le classement est indiqué.

7
8.50 353 — La même, suite complète de 10 vignettes
avant la lettre, moins le Triumvirat et le portrait avec la lettre, très-grand papier. 2 exemplaires. Très-belles ép.

4.50 354 — De la même suite, 8 vignettes avant la lettre,
le Triumvirat et le portrait avec la lettre.

7 355 — De la même suite, 25 vignettes, belles ép.
avant la lettre, dont quelques eaux-fortes
(Défets).

1 356 — De la même suite, 30 vignettes avec la lettre,
1er tirage.

357 — D'après *Peyron*, 9 vignettes, belles ép. in-8,
dont le portrait par *Duflos*.

358 — D'après Marillier et Peyron, 23 vignettes,
avant, avec la lettre et eaux-fortes, in-8. (Défets).

359 — Portraits de Crébillon père et fils, par Delvaux, Hopwood, Ingouf, Bradel, Balechou, etc.,
et une vignette. 19 p.

360 — Vignettes in-18, au nombre d'environ 400
(Défets).

361 **Daniel de Foe**. Robinson Crusoë. Suite de
6 p. d'ap. *Deveria*, avant et avec la lettre, et
eaux-fortes, 18 p. in-8 et in-4, les avant la lettre
sur chine, 18 p.

362 — La même suite, 6 p. avant la lettre, chine,
in-4 ; avec la lettre, in-8, et 4 eaux-fortes. 16 p.

363 — La même suite, avant et avec la lettre, 12 p.
4 exemplaires.

364 — Robinson Crusoë, in-4 d'ap. *Gavarni*. 16 p.
sur chine, superbes ép. de choix, très-belle
collection.

365 — Robinson Crusoë, d'ap. *Stothard*, belle suite
complète de 19 p. avec les 2 titres, grand in-8.
Paris-Verdière. 6 exemplaires.

366 — De la même suite, 35 p. (Défets).

367 — Robinson Crusoë, in-12, d'ap. *Duvivier*, 4
exemplaires de 4 p. à l'eau-forte, 16 p.

368 — Suite de 10 p. d'ap. *B. Picart*, pour l'édition de 1785, — et 80 p. de la même suite, des
doubles. En tout 90 p.

369 — Illustrations de diverses suites dépareillées, 4 lots.

370 **Dante.** Figures au trait, d'ap. Flaxman, 37 p. in-4.

371 **Delavigne** (Casimir). Réunion de 29 p. diverses pour le Théâtre et les Messéniennes, d'ap. *Deveria* et autres, avant la lettre sur chine, dont deux eaux-fortes. Superbes ép., grand in-8.

372 — Les mêmes suites, de 28 p., la plupart avant la lettre, grand in-8, chine et blanc 3 exemplaires.

373 — Des mêmes suites, 27 p., — 25 p., 2 ex., — 24 p., — 22 p., 4 ex., — 20 p., 2 exemplaires,

374 — D'ap. *Johannot*; suite complète de 12 p. avant la lettre; très-grand papier moins 2 p. avec la lettre, très-rare, et 1 portrait 13 p.

375 — La même suite, de 12 p. et 1 portrait. 13 p., grand in-8. Tirage de Furne, 10 exemplaires superbes.

376 — La même suite, in-8 de 12 p. et 1 portrait. 13 p.

377 — De la même suite avant la lettre et eaux-fortes. 26 p. des doubles (Défets).

378 **Delille.** Suite complète de 21 p. et pour Milton, Virgile, etc. In-8 sur blanc, 4 exemplaires.

379 — Même suite, chine et blanc. 22 p.

380 — De la même suite. 90 p. des doubles (Défets).

381 — Vignettes diverses dépareillées. 52 p. in-8 (Défets).

382 — Vignettes d'ap. *Girodet, Monnet, Moreau* et autres pour les premières éditions. 95 p. in-8, la plupart avant la lettre et eaux-fortes.

383 **Demoustier**. Lettre à Emilie sur la Mythologie, d'ap. *Choquet*. Suite complète de 63 p. in-18.

384 — D'ap. *Desenne*. Suite complète de 18 p. in-12, eaux-fortes. 4 exemplaires.

385 — D'ap. *Moreau le jeune*. Suite complète de 36 p. Belles ep. avant la lettre, grand papier.

386 — La même suite. 36 p. avant la lettre, dont 2 avec grand papier.

387 — La même suite. 36 p. in-8 avec la lettre, 3 exemplaires.

388 — d'ap. *Queverdo*. Suite complète de 17 p. in-18. — 5 exemplaires.

389 **Desaugiers**. Chansons, 16 vignettes de *Johannot* et autres, in-8, avant la lettre, des doubles.

390 **Deshoulières** (Mme). Suite complète de 5 p. in-18. Edition Lefuel, 3 exemplaires.
— Suite complète de 4 charmantes vignettes d'ap. *Marillier*, in-18, avant la lettre. 2 exemplaires.
— Sujets champêtres pouvant entrer dans ses œuvres ou autres. 50 p.

391 **Destouches**. Théâtre, 20 vignettes in-12 d'après *Aartman*, publiées de son vivant.

392 — Suite complète de 11 eaux-fortes d'ap. *Duvivier*, in-8. La même, 11 p. avant la lettre, grand in-8. Classement indiqué. 22 p.

393 — Suite complète de 11 eaux-fortes in-12, d'ap. *Duvivier*, grand in-8. — Et 14 exemplaires de la même suite de 11 p., eaux-fortes, in-12.

394 — La même suite, 11 p. avant la lettre, in-12 sur blanc. 2 exemplaires.

395 — La même suite de 11 p. avec la lettre, in-12.

396 — Vignettes d'ap. *Aartman* et d'ap. *Duvivier*, 30 p. (Défets).

397 — Réunion de vignettes d'ap. *Laffite*, 10 avant la lettre, 2 avec. La fausse Agnès, le Philosophe marié, 5 eaux-fortes, Dufrène dans le Glorieux, et deux autres; en tout 20 p.

398 — Suite complète d'après *Laffite*, 12 p. in-8 dont le portrait, 8 exemplaires.

399 — De la même suite, 54 p. in-8 (Défets), avec la lettre.

400 — De la même suite, d'ap *Laffite* et autres, 37 p. grand in-8 avant la lettre.

401 **Diderot**. Vignettes pour ses œuvres, avant et avec la lettre, eaux-fortes et portraits. 24 p.

402 — Doubles, la plupart avant la lettre. 58 p. (Défets).

403 **Ducis**. Suite de 15 p., grand in-8, d'ap. différents artistes. Avant la lettre. Chine. 16 exemplaires.

404 — Même suite. 15 p., grand in-8. Avant la lettre. Blanc. 3 exemplaires.

405 — Même suite, format in-18. Avant la lettre. 3 exemplaires de 15 p. et 1 de 10 p.

406 — Suite de 12 p. grand in-8, d'ap. *Colin, Gérard, Girodet*, avec musique. Ep. avant la lettre, dont 1, avec la lettre. 2 exemplaires.

407 — Même suite de 12 p. in-8. Chine, avec musique. 3 exemplaires.

408 — Même suite. 12 p. remargées comme chine. grand in-8, avec musique.

409 — Même suite, 12 p. in-8, avec musique. 11 exemplaires.

410 — D'ap. divers artistes. Édition in-12, papier grand in-8. 107 p. (Défets).

411 — Collection, d'ap. *Colin*, etc. in-8, avant et avec la lettre et eaux-fortes. 59 p. des doubles (Défets).

412 — Réunion de suites et portraits. 42 p. belles épreuves.

413 **Dupaty** (Président). Illustration pour le voyage en Italie. 18 p. in-12, avec la lettre et in-8, avant la lettre.

414 — Eaux-fortes, d'ap. *Duvivier*. 5 suites de 8 p. 40 p.
— D'ap. Duvivier, plusieurs exemplaires in-8. 17 p.
— Suite de 8 p., avant la lettre, in-8.

415 — D'ap. *Duvivier*. 8 p. — 4 exemplaires avant la lettre. 12 ex. à l'eau-forte — une suite différente. Chine et blanc. 12 p.

EDGEWORTH

416 **Edgeworth** (Miss). Romans. 8 sujets différents, par *Tony Johannot*, papier de chine,
avant la lettre. 38 p.

417 **Fabliaux** (Anciens) et Poésies de Marie de
France et de Barbazan, etc. 27 p. eaux-fortes
et terminé, incomplet.

418 **Fénélon**. Télémaque. Portrait et Vignettes,
par *Manceau*. 25 p. in-8. Toute marge. 14 exemplaires.

419 — La même suite de 25 p. Superbes ép. grand
in-8, avant la lettre. 12 exemplaires.

420 — Télémaque, suite complète, d'après *Marillier*. 25 p. dont le portrait. Superbes ép., avant
la lettre, grand papier. in-4. Le portrait, par
Hubert et 2 vignettes, sont grand in-8.

421 — La même suite de 25 p. Superbes épreuves,
avant la lettre, in-4.

422 — La même suite de 25 p. in-8, avec la lettre.

423 — Télémaque, 20 p., d'ap. *Moreau*, avant la
lettre. Le portrait par Delvaux, avec la lettre.
4 p., d'ap. *Marillier*, avant la lettre, le chant,
22 avec la lettre, en tout 26 p. Superbes.

424 — Télémaque, suite complète de 24 p. d'ap.
Moreau, in-8; grand papier. Superbe.

425 — Télémaque, suite de 25 p., dont le portrait
par *Gaucher*, tirage in-8, d'ap. *Queverdo*.

426 — La même, suite d'ap. *Queverdo*, 25 p. in-12,
dont le portrait par *Gaucher*. 4 exemplaires.

427 — La même, suite. In-8, 25 p. — La même,
suite, 19 p. avant la lettre et 5 avec la lettre.
24 p.

428 **Fielding**. Réunion de Vignettes anglaises de diverses suites, publiées au xviii° siècle pour Tom Jones, et autres ouvrages et suite de *Johannot*, en tout 58 p.

429 — Tom Jones, d'ap. *Borel*, 7 p., avant la lettre, grand in-8, — La même, avant la lettre, 8 p. in-12. — La même, avec la lettre, in-18. — 2 exemplaires.

430 — Tom Jones, d'ap. *Gravelot*, suite complète de 16 p., petit in-8. — 3 exemplaires, et 22 p. (Défets).

431 — Tom Jones, d'ap. *Moreau*, avant et avec la lettre, des doubles, 14 p. (Défets).

432 Flore des serres et des jardins de l'Europe, journal général d'horticulture, 21 livraisons. Planches coloriées.

433 **Florian**. Fables. Réunion de 110 p. d'ap. *Victor Adam*, in-8. Toute marge, suite complète.

434 — Œuvres, Vignettes, d'ap. *Desenne, Moreau*, et autres, 60 p., avant la lettre, sur chine, in-8.

435 — Même suite, 64 p. in-8, avant la lettre, blanc. 3 exemplaires.

436 — Suite complète de 44 p., d'ap. *Marillier, Mounet, Queverdo*. Superbes ép. avant la lettre. Grand papier.

437 — De la même, suite, 36 p. dont 2 portraits. Petit papier.

2 ,50   438 — De la même, suite, 22 p., avant et avec la
            lettre (Défets).

1   439 — Vignettes, d'ap. *Choquet*, pour les œuvres.   13
3   grand in-8, avant et avec la lettre, 70 p.; la   60
            plupart grand papier. 2 lots (Défets).

2   440 **Galland**. Mille et une Nuits, d'ap. *Chasselat*,
            suite complète de 21 p., avant la lettre, chine.
            Grand in-8.

4 , 50 441 — La même suite, avant et avec chine et blanc.
            3 exemplaires. Grand in-8.

1   442 — La même suite, avec la lettre, blanc. 3 exem-
            plaires et une suite incomplète. 19 p.

1 , 50 443 — Mille et une Nuits, d'ap. *Courtin*, 16 p.
            avant la lettre, chine. Tirage in-4.

2 , 50 444 — La même suite, avant la lettre, blanc. 2
            exemplaires. Tirage in-4.

1   445 — La même suite, in-8, blanc. 4 exemplaires
            et 2 exemplaires in-12.

3 , 50 446 — Mille et une Nuits, d'ap. *J. David* et autres,
            28 p. sur chine — autre suite de 20 p., chine
            et blanc. Grand in-8.

6   447 — Suite complète de 8 p., par *Morinet*, d'ap.
            Deveria, chine et blanc. 2 exemplaires.

8 , 50 448 — D'ap. *Gavarni* et autres, 20 p. Grand in-8.
            Très-belles ép. Ancien tirage.

5   449 — D'ap. *Marillier*, suite complète de 15 p.
            Belles ép. rares. 2 exemplaires.

1   450 — Suite complète de 3 p., d'ap. *Pothier*. Grand
            in-8 avant la lettre, sur blanc. 2 exemplaires,
            et un autre sur papier bleu.

451 — Mille et une Nuits, d'ap. *Westall*. Suite complète de 6 p. Grand in-8 chine, avant la lettre. 4 exemplaires. — 4 . 50

452 — Même suite. 18 p., avant et avec chine et blanc, des doubles (Défets). — 2

453 — Vignettes de diverses suites anglaises. Beau choix. 19 pièces. — 3

454 — Réunion de Vignettes, d'ap. *Marillier*, pour les Mille et une Nuits. — Mille et un Jours. — Les Contes des Génies et autres. Environ 130 p. Plusieurs suites des Mille et une Nuits. — 7

455 **Genlis** (Mme de). Vignettes, d'ap. *Desenne*, pour Mlle de Clermont, édition Lequien. Plusieurs exemplaires avant la lettre, chine et blanc, et eaux-fortes. 22 p.
— Suite de 6 p., dont le portrait, avant la lettre, in-18.
— Suite de 6 p., dont le portrait, avant la lettre. Grand in-8. — 11 . 50

456 **Gentil-Bernard**. Suite de divers genres et divers formats. Il y a 2 ép. de Phrosine et Mélidore, par *Roger*, d'ap. *Prudhon*. 72 p. — 16

457 **Gérard**. Le comte de Valmont. 35 p., d'ap. *Déveria* et autres, avant et avec la lettre, des doubles. — 4

458 — D'ap. *Monnet*. Plusieurs suites, divers formats. 54 p. — 3

459 — D'ap. *Moreau*. Plusieurs suites avant et avec la lettre. 56 p. — 3

460 **Gessner**, d'ap. *Binet*. 18 p. in-12 et in-18. — 2 . 50

461 — D'ap. *Lebarbier*. Suite complète de 35 fleurons. Grand in-8 papier vergé.

462 — La même suite, de 34 fleurons. In-8 papier vergé. 8 exemplaires.

463 — La même suite, de 34 fleurons. In-8 papier de chine volant. 8 exemplaires.

464 — D'ap. *Marillier*. Petite édition in-18. 19 p., — 39 p., dont les doubles. — 65 p. avant, avec, et eaux-fortes, différents formats des doubles (Défets).

465 — D'ap. *Monnet*. 20 p. in-12. — 58 p. in-18.

466 — D'ap. *Monnet* et autres. 100 p. in-18 des doubles (Défets).

467 — D'ap. *Monnet*, édition in-8. 70 p., avant et avec la lettre.

468 — Vignettes in-4, d'ap. *Le Barbier*. Environ 100, des doubles.

469 — Le Paysage, d'ap. *Moreau*. 16 épreuves in-8 et in-4.

470 — Vignettes, d'ap. *Moreau*. 29 p. avant la lettre.

471 — D'ap. *Moreau*. 76 p. avant la lettre (Défets). In-8.

472 — Suite complète de 51 pièces, tirage in-4, vélin, superbe. 4 exemplaires avec la lettre.

473 — La même suite. 97 p. in-8, des doubles.

474 — La même suite. 40 p. in-12.

475 **Gilbert**. Suite complète de 4 vignettes, et les eaux-fortes. 8 p. in-12, d'ap. *Desenne*.

476 — Suite de 12 pièces, y compris les eaux-fortes.

477 — Suite complète de 5 p. in-8, d'ap. *Desenne.* Superbes ép. avant la lettre, y compris le portrait. 9 exemplaires.

478 — Suite complète de 5 p. grand in-8, avant la lettre et les 5 eaux-fortes. 10 p. sur chine superbes, et un fac-simile d'écritures. 2 exemplaires.

479 — Vignettes diverses. 13 p. (Défets).

480 — Plusieurs suites et sujets divers. In-8 et in-18. — 80 p.

481 **Goethe**, OEuvres. Album de 10 p., avec ton de chine. Album de 40 p. En tout 50 pièces in-4 pour les poésies diverses. Charmante collection sur bois, texte allemand. Leipzig, 1854 et 57.

482 — OEuvres. 50 vignettes au trait.

483 — Werther. 3 p.; par *Duplessis-Bertaux*, et 10 p. pour Wertherie, parodie. En tout 13 petites pièces.

484 — OEuvres de théâtre. Suite complète de 10 p. gravées en Allemagne. 3 exemplaires.

485 — Vignettes pour le théâtre, Werther, les romans, Faust, Dorothée. 41 p. in-8, gravées en Allemagne.

486 — Faust, d'ap. *Johannot.* 9 ép.; avant toute lettre. Tirage in-fol. chine et blanc, 1 avec la lettre. On y ajoute un portrait de Goëthe. En tout 10 p.

487 — La même suite, papier de chine. In-8. On y a joint 3 portraits de Goethe à différents âges. 12 p.

488 — Werther. Suite complète de 10 eaux-fortes artistiques, par *Tony Johannot*. Superbes ép., grand papier de chine, avant la lettre. On a joint 2 portraits de Goethe. En tout 12 p.

489 — Le même suite de 10 eaux-fortes. Très-grand in-8 sur chine, avec 2 portraits de Goethe. 2 exemplaires.

490 — La même suite, de 8 eaux-fortes et 2 portraits de Goethe. 10 p.

491 — Werther. Suite complète de 4 vignettes, d'ap. *Johannot*, gravées par *Burdet*. Belles ép. avant la lettre, avec 2 portraits de Goethe. 6 p.

492 — La même suite. 4 p. avant la lettre chine, 3 à l'eau-forte, 3 avec la lettre. En tout 10 p.

493 — Eaux-fortes, par *Johannot* et d'après lui. 13 p. (Défets).

494 — Werther, d'ap. *Moreau*. 4 p. doubles.

495 **Goldsmith**. Vicaire de Wakefield et autres romans et œuvres poétiques. Réunion de diverses suites rares, avant la lettre, papier chamois, sur chine, etc. 74 p. Il y a des doubles.

496 **Graffigny** (Mme de). Lettres d'une péruvienne. Suite complète de 4 p. et de 4 eaux-fortes, d'ap. *Deveria*. 8 p. in-8, avant la lettre. 2 exemplaires.

497 — D'ap. *Lefèvre*. Suite complète de 8 p., avant la lettre. 2 exemplaires.

498 — La même suite, avec contre-épreuves et eaux-fortes. 21 p.

499 — D'ap. *Lebarbier*. 26 p. in-8 avant et avec la lettre (Défets).

500 **Grecourt**. Manière de doter les filles; les Cerises. Différentes vignettes, d'ap. *Eisen* et autres. 40 p.

501 **Gresset**. Suite complète, d'ap. *Deveria*. 9 p. in-12, avant la lettre. 18 exemplaires.

502 — Suite complète, d'ap. *Moreau*. In-8. 9 p., avec la lettre sur chine. Grand papier.

503 — Suite complète, d'ap. *Moreau*. In-12, 7 p. dont le portrait format in-8. Vert-Vert, Lutrin, le Méchant. 3 exemplaires.

504 — La même suite de 7 p. in-12.

505 — La même suite, Vert-Vert, le Lutrin, 5 p. in-12. 3 exemplaires, — et 1 exemplaire in-18.

506 — De la même suite et d'ap. *Deveria*, 43 p. (Défets).

507 — Réunion de vignettes diverses, d'ap. *Desenne*, *Deveria*, *Monnet*, *Moreau*. 18 p. avant et avec la lettre.

508 — Doubles d'ap. *Moreau*. In-12 et in-8 avant et avec la lettre, eaux-fortes et d'ap. *Deveria*, 44 p. (Défets).

509 **Hamilton**. Mémoires de Grammont, suite complète de 8 p., d'après *Choquet*, avant la lettre. 2 exemplaires. Tirage grand in-8.

510 — Même suite, avant et avec. In-12. — 8 p. avec la lettre remargées comme chine. Grand in-8. En tout 16 p.

511 — Même suite à l'eau-forte. In-8, in-18. 15 exemplaires de 8 p. — Des doubles, réunions diverses, 32 p. (Défets).

512 — D'ap. *Desenne*. In-18 avant et avec la lettre chine et eaux-fortes. 12 p. sur 6 feuilles. — 20 p. sur 12 feuilles des doubles.

513 — D'ap. *Moreau*. Suite complète de 12 p. in-8 sur papier de Chine volant, 4 vignettes et 8 portraits. 16 exemplaires.

514 — La même suite de 12 p. d'ap. *Moreau*. In-8. Papier blanc, 2 exemplaires. — Défets de la même suite, avant et avec la lettre, chine et blanc, 29 p.

515 — Suite complète de 40 portraits pour les Mémoires de Grammont. Edition anglaise in-8 avec le placement.

516 — Suite complète de 78 portraits, édition anglaise, belles épreuves, grand papier, plusieurs doubles avec différence.

517 — D'ap. *Marillier*. 6 p. in-8. Belles épreuves.

518 **Henault** (Président). Suite complète de 35 p. in-4, d'ap. *Cochin*, pour l'histoire de France, 1765 et suivantes. 5 exemplaires.

519 **Hervey**. Méditation. Suite complète de 4 vignettes, d'ap. *Westall*, lettre grise sur chine, marge. Grand in-8.

520 — Suite de 5 p. Lettre grise chine, gr. in-8. —   3 Vig
Suite de 4 p. — 6 p. Défets, en tout, 15 p.

521 **Historiens grecs.** Plutarque, Juvénal   13 Vig
et autres. Réunion de 100 vignettes, d'ap. *Bo-
rel, Cochin, Marillier*. In-8. La plupart avant
la lettre.

522 — Hérodote, Thucydide, Xénophon, 46 p.,   25 Vig
d'ap. *Le Barbier, Moreau*, avant la lettre et
eaux-fortes. Grand in-8, grand papier. —

523 — Des mêmes suites, 27 p. avant la lettre et ⎫
eaux-fortes.   ⎬   7
— Des mêmes suites, 23 p. Grand papier.   ⎭

524 **Histoire** des papes et des rois. Suite com-   5. 50
plète de 50 p., très-grand in-8, coloriées, figu-
res en pied.

525 — Des papes et des rois. Compositions cin-   12 Vig
trées. Suite complète de 50 ép. avant la lettre.
Grand in-8.

526 — De la même suite, 65 p., des doubles (Dé-   5 Vig
fets).

527 — Universelle, 146 vignettes allemandes, com-   4. 50 Vig
positions historiques; une partie peut illus-
trer Voltaire.

528 **Histoire romaine** d'ap. *Myris*, avec   17 Vig
texte au bas et autres sans texte, environ 230 p.
Beaucoup de doubles (Défets).

529 **Histoire de France**, d'ap. *Moreau*, avec   16 Vig
texte au bas, beaucoup avant la lettre, 132 p.
in-4 (Défets).

530 **Histoire** de Marie-Antoinette, par *Staal*, 10 p. in-8.

531 **Hoffmann** (Contes d'). 11 p. d'ap. *Gavarni*, sur bois.

532 **Homère**. Iliade, 20 p., par *Bouttats*. Petit in-8.

533 — Iliade, 25 p., par et d'ap. *Bernard Picart*. In-8, marge.

534 — La même suite, 25 p., très-petite marge.

535 — La même suite et autre suite dans un encadrement. Format in-4, 50 p.

536 — Vignettes fleurons avec les portraits d'Homère, Ulysse, Pénélope, Télémaque, 30 p. in-8.

537 — Collection dédiée au prince Édouard d'Angleterre, avec son portrait; les sujets sont tirés des pierres gravées antiques, les portraits d'Homère, Hésiode, Théocrite, 58 p. in-8, avec table explicative en latin, publiée au XVIII° siècle.

538 — Suite complète, très-rare, tirée du Musée des antiques, avec explication en latin, 35 p. in-8, dédiées au prince Georges de Walles avec son portrait.

539 — Collection complète de 6 p., pour Homère, traduit par Bitaubé, dont les 2 portraits et 2 eaux-fortes. In-8.

540 — Suite par *Fourdrinier*, 24 p.

541 — Iliade et Odyssée, 50 p., dont les 2 frontispices.

542 — Odyssée, par *Schoonebeck*, 24 p.

543 — Traduction de Pope, 26 p. in-12, d'ap. *B. Picart*, dont le portrait de Pope.

544 — Traduction de Pope, 16 vignettes anglaises. In-8, avant la lettre, chine et blanc, très-belles.

545 — Pour les OEuvres de Pope, Homère et au-tres, 36 p. in-8, avant la lettre.

546 — Pièces diverses et portraits d'Homère, 15 p.

547 — Collection complète pour l'Iliade et l'Odys-sée, au trait, par *Schuler*, d'ap. *Flaxmann*, 75 p. grand in-8, marge in-4.

548 — Suite complète, d'ap. *Marillier*, 24 p. in-8. Belles ép., ancien tirage.

549 — Suite complète de 24 p. Tirage in-4 aux ar-mes de France. Très-belles ép. avant la lettre.

550 — Suite d'ap. *Marillier*, 16 p. avant la lettre (Défets).

551 — Suite complète de 13 p. in-8, dont le por-trait, gravées par *Malbeste*, d'ap. *B. Picart*. Marge in-4. 20 exemplaires.

552 **Horace**. Suite complète de 12 vignettes en forme de frise. Superbes ép. avant la lettre. Tirage in-4. 2 exemplaires.

553 — La même suite. Grand in-8, avant la lettre. 12 p.

554 — De la même suite, 16 p. (Défets).

555 — Suite de 30 Vues, par Frommel. In-4 avec texte en allemand.

556 — La Villa d'Horace, 13 p. in-4, par Morel.

557 — 6 Portraits d'Horace différents.

558 **Hugo** (Victor). Suite complète de 12 vignettes pour Notre-Dame-de-Paris. 3 exemplaires.

559 — Pour les œuvres, eaux-fortes par *Célestin Nanteuil* : Portrait. — Dernier jour d'un condamné. — Bug-Jargal. — Notre-Dame-de-Paris et Quasimodo sauvant Esmeralda, par *Tony Johannot*, avant la lettre. 5 p. sur chiné, rares.

560 — Les mêmes, sur blanc, moins Notre-Dame-de-Paris, Lucrèce Borgia, et le *Johannot* sur chine. 5 p., rares.

561 — D'ap. *Devería*, 22 p. pour les éditions originales, avant la lettre la plupart, chine, des doubles (Défets).

562 — Réunion de vignettes d'après *Boulanger*, *Colin*, *Johannot*, *Raffet*, belles ép., la plupart avant la lettre, chine, grand papier. 91 p.

563 — Réunion des mêmes suites, la plupart avant la lettre, grand papier. 71 p.

564 — Réunion des mêmes suites, la plupart avant la lettre, grand papier. 52 p.

565 — Réunion des mêmes suites, même état, 43 p.

566 — Réunion des mêmes, 35 p., — autres de 32 p., en tout, 67 p.

567 **Hurtado de Mendoza**. Lazarille de Tormes, suite complète de 40 p. in-8. Par *Ransonnette*, avant la lettre, exemplaire de souscription.

568 **Imbert**. Jugement de Pâris, d'ap. *Moreau*. 6
In-12, in-8. Fleurons par *Choffard* et autres.
17 p. superbes.

569 — Doubles des mêmes suites. 17 p. (Défets). 3

570 **Jacob** (Bibliophile. Romans, dont les Deux 1.50
Fous. 24 p., d'ap. *N. Thomas*, avant et avec la
lettre chine.

571 **Johnson**. Rasselas, 14 vignettes. In-8 et 2.50
in-4, par *Raimbach*, eaux-fortes, et terminées
avec texte.

572 **Jouy**. Vignettes pour l'Hermite de la Chaus- 15
sée-d'Antin, l'Hermite en province, de la
Guyane, etc. 80 p. et 37 eaux-fortes, en tout
117 p.

573 — De la même suite. 82 p.; il y a des doubles. 5

574 — De la même suite, 55 p., — 50 p., — 25 p., 6
en tout, 130 p.

575 **Juvénal**. Satires, Entretiens de Phocion, 17
etc., 30 p. in-4, d'ap. *Moreau* et autres, et
eaux-fortes des doubles (Défets).

576 **Juvénal** et Perse. 8 vignettes in-4, d'ap. 14
Moreau, avant la lettre, dont 4 eaux-fortes et
3 portraits, en tout 11 p.

577 **La Borde**. Chansons, 35 p., d'ap. *Moreau*, 49
la plupart sur chine, des doubles (Défets).

578 **Lafayette** (Mme de). 12 exemplaires de 4 p., 3.50
d'ap. *Desenne*, in-12, pour la Princesse de Clè-
ves, eaux-fortes, — 4 suites terminées à l'eau-
forte, In-8. — 6 p. (Défets), en tout, 78 p.

579 **La Fontaine.** Fables, d'ap. *Bergeret*, 12
vignettes, in-4. Superbes ép. avant la lettre,
grandes marges.

580 — Fables, d'ap. *Percier*, par *Girardet* et autres, 12 p. grand in-8 en travers.

581 — Fables, d'ap. *Perdoux*, suite de 16 p. grand
in-8. 9 exemplaires.

582 — Daphnis et Alcimadure, pour frontispice
des Fables, 2 p. gravées par *Dupont*, avant la
lettre, toute marge, très-rares.

583 — Fables, Contes et Portraits, choix de vignettes, in-8, grand papier, avant la lettre, et eaux-
fortes. 27 p.

584 **La Fontaine.** OEuvres. Suite complète de
13 p. in-8, d'ap. *Tony Johannot*, magnifiques
ép. avant la lettre sur chine, tirage gr. in-4.—
2 exemplaires.

585 — La même suite, chine et blanc. In-4. 13 p.

586 — La même suite, chine avec la lettre. Grand
in-8, ancien tirage.

587 — La même suite, eaux-fortes, 12 p. très-
grand in-8. Manque Comment l'esprit vient
aux filles qui est remplacé par le portrait de
La Fontaine, eau-forte. 7 exemplaires, grand
papier.

588 — De la même suite, d'ap. *Johannot*, 10 p. à
l'eau-forte pure, grand papier. 8 exemplaires.

589 — De la même suite, 45 p. à l'eau-forte pure
(Défets)

590 — De la même suite, avant et avec la lettre. Grand in-8. 35 p. (Défets).

591 **La Fontaine.** Contes, suite complète de 80 p., d'ap. *Eisen*, Edition des Fermiers généraux, 1762, belles ép. in-8, toute marge. Le Diable de Papefiguière et le Cas de conscience y sont des deux états différents, et les 13 vignettes rejetées y sont en doubles, 96 p.

592 — La même suite avec les 2 états différents et 12 vignettes rejetées, 95 p.

593 — La même suite avec Papefiguiere, 2 états et 12 p. rejetées, 94 p.

594 — La même suite, avec 10 p. rejetées, 91 p. 3 exemplaires.

595 — La même suite, en tout 90 p.

596 — La même suite de 80 p. pour les Fermiers généraux, les cadres effacés, papier lavé et encollé, edition de 1762. In-8.

597 — Vignettes rejetées par les Fermiers généraux, 1762. Très-belles ép. rares avec le portrait, 19 p., — 13 p., — 10 p., — 8 p. — Défets, des mêmes, 31 p.

598 — Suite complète de 80 vignettes pour les Contes, d'ap. *Eisen*, contre-partie de l'édition des Fermiers généraux, 1764. In-8. On a joint le portrait de La Fontaine, par *Ficquet*. 6 exemplaires.

599 — Suite de 85 vignettes pour les Contes, Copies in-18, d'après la suite des Fermiers généraux, avant la lettre. 3 exemplaires.

600 — Contes, 1764, des Fermiers généraux, 55 p. remargées comme chine.

601 — De la même suite, environ 80 sujets différents avec les cadres, 1762, 329 p. (Défets), des doubles.

602 — De la même suite, les cadres effacés, 145 p., des doubles (Défets).

603 — Copies contre-partie, 318 p. in-8 (Défets).

604 — Copies in-18, d'ap. *Eisen*, 98 p. (Défets).

605 — Contes, d'ap. *Desenne, Monnet, Sergent, Duplessis-Bertaux, Leroy, Colin*, avant la lettre, 8 sont 1er état avant la draperie, 40 p. le classement est indiqué.

606 — Suite complète, de 75 p. d'ap. *Desenne* et autres épreuves avant la lettre, papier vélin ancien, avec le classement.

607 — Suite complète, de 189 p. pour les Fables, les contes, le théâtre, les amours de Psyché, d'ap. *Desenne*, et autres ép. avant la lettre, plusieurs sont 1er état.

608 — Contes, suite complète, de 95 p. (Édition Cazin) d'ap. *Monnet, Sergent, Dup-Bertaux*, papier vergé in-8, avant la lettre, ancien tirage, cette collection peut servir à l'in-8, in-12, in-18, avec classement indiqué.

609 — La même suite, de 95 p. sur chine, papier vélin in-8, avant la lettre, très-belles, avec classement.

610 — La même suite complète, de 95 p. grand in-8, avant la lettre, avec encadrements allégoriques.

611 — Contes, d'ap. *Fragonard*, 7 p. avant la lettre, 4 en bistre et 12 avec les noms d'artistes, en tout 23 p. in-4, il y a des pièces très-rares.

612 — De la même suite, 16 p. avant et avec les noms d'artistes, Vénus et Adonis.

613 — De la même suite, 5 avant la lettre, 1 avec la lettre et 5 remargées, en tout 11 p.

614 — De la même suite, doubles avant et avec la lettre, 6 sujets différents, 15 p. (Défets.)

615 — Contes lithog., par *Deveria*, 29 p. la plupart sur chine.

616 — Doubles de la même suite, 20 p. (Défets.)

617 — Contes, d'ap. *Hersent*, grand in-8 lithog., par *Chatillon* et *Vallou de Villeneuve*, 8 p. grand in-4, toute marge, 4 exemplaires, chine et blanc.

618 — La même suite, 8 p. grand in-4 blanc, 8 exemplaires.

619 — La même suite, 8 p. blanc et papier de couleur 5 exemplaires.

620 — Contes, suite complète, de 8 vignettes, d'ap. *Marillier*, charmantes compositions entourant le sujet principal, cette suite peut servir à illustrer la belle édition de Boccace, publiée par Jouaust, 5 vol. in-8, tirage très-grand in-8, papier à la forme, 20 exemplaires.

621 — La même suite, de 8 vignettes, tirage in-8, papier à la forme, 15 exemplaires.

622 — Contes, in-fol, d'ap. *Lancret*. Les troqueurs, par de *Larmessin*.

623 — A femme avare galant escroc, d'ap. *Lancret*, par de *Larmessin*. In-fol.

624 — Le cuvier, d'ap. *Lemesle*, par *Seinvork*. In-fol.

625 — Amours de Psyché, d'ap. *Moreau*, grand in-8, 7 eaux-fortes, 13 avant 12 avec, en tout 32 p. — réduction in-18 et in-12, 16 p. avant et eaux-fortes, en tout 48 p. (Défets.)

626 — Amours de Psyché, suivis d'Adonis, suite complète, de 5 p. in-4, d'ap. *Gérard*, très-belles ép. avant la lettre, 2 exemplaires.

627 — La même suite, de 5 p. in-4, avec la lettre.

628 — De la même suite, 30 avant la lettre, 10 avec la lettre etc., en tout 33 p. in-4. (Défets.)

629 — Amours de Psyché, et Adonis suite complète de 9 p. grand in-8, toute marge, 12 exemplaires, et 2 exemplaires de 5 p., d'ap. *Desenne*.

630. — Suite complète, de 9 p. pour Psyché et Adonis, d'ap. *Moreau*, belles ép. remargées a clairevoie grand in-8.

631 — Réunion de portraits et vignettes diverses, la plupart avant la lettre pour les œuvres, contes et fables, plusieurs exemplaires, de 10 p. et 15 p. grand papier.

632 **Laharpe**. Voyages, suites complètes, de 24 vignettes, 3 exemplaires in-8.

633 — Suite de 60 vignettes, in-12, avant la lettre   12
chine, très-grand in-8, pour l'édition en 24
volumes.

634 — La même suite, 60 p. avant la lettre blanc,   5.50
très-grand in-8.

635 — Tangu et Feline, 5 p. in-12, d'ap. *Marillier*,   2
5 exemplaires.

636 **Lamartine**. Eaux-fortes artistiques, par   2.50
Tony Johannot, la plupart avant la lettre chine,
grand papier chine, 18 p. (Défets.)

637 — Choix de 17 vignettes, d'ap. *Johannot* et vues   4
de divers pays, avant et avec la lettre, grand
in-8.

638 — Édition Boquet, 6 vignettes avant la lettre   2
chine, et 6 eaux-fortes sur blanc, d'ap. *Desenne*,
12 p. grand in-8.

639 — La même suite, avant la lettre blanc, et
eaux-fortes, 12 p. grand in-8. 2 exemplaires.

640 — La même suite, avant et avec la lettre et
eaux-fortes 12 p.

641 — De la même suite, 29 p. avant et avec la   2
lettre. (Défets.)

642 — Suite complète, de 4 vignettes, d'ap. *Deveria*,   1
grand in-8 chine, avant la lettre.

643 — Suite complète, de 10 vignettes, avant la   2.50
lettre, d'après *Desenne*. Édition Gosselin, in-18,
tirage grand papier, avec le portrait 11 p.

644 — La même suite, de 10 p. avant la lettre   2.50
grand papier chine et blanc.

645 — La même suite, de 10 p. eaux-fortes, grand papier.

646 — La même suite, à l'eau forte 10 et une suite ép. terminées, petit papier.

647 — De la même suite, 10 p. grand papier. (Défets.)

648 — Réunion de vignettes, les deux compositions de Mazeppa gravées en Angleterre, d'ap. *H. Vernet*, la Lutte, avant la lettre chine et eauforte, la duchesse de Berry etc. 16 p.

649 — Titres pour les premières Méditations, 23 p. (Défets.)

650 — Édition Gosselin, in-18, édition Furne etc., d'après *Desenne, Deveria*, 45 p. (Défets.)

651 — Édition Gosselin 1824. Suite complète, de 4 vignettes, d'ap. *Desenne*, gravées en Angleterre, grand in-8, avant la lettre chine. 3 exemplaires.

652 — Suite complète de 4 Vignettes d'ap. *Desenne*, édition Gosselin 1824, avec la lettre, chine, grand in-8. 2 exemplaires.

653 — De la même suite, 7 p. avant la lettre chine. (Défets.)

654 — Édition Gosselin 1832, d'ap. *Johannot*, 3 eaux-fortes et 3 terminées sur chine, avant la lettre, et le château de Saint Point, 7 p. grand in-8. 2 exemplaires.

655 — La même suite, terminée et eaux fortes 6 p. grand in-8. 2 exemplaires.

656 — La même suite complète, de 4 vignettes
avec la lettre sur chine, grand in-8.

657 — Vignettes de différentes suites, d'ap. *Johannot*, et autres avant et avec la lettre, 6p. (Défets.)   4 . 50

658 **Lamotte Houdart.** Suite complète de 85 p. pour les fables, d'ap. *Coypel.*   1

659 **Lantier.** Voyages d'Anténor, 59 vignettes; d'ap. *Chasselat* et autres, in-18 et in-8.   3

660 **Legouvé.** Suite complète de 7 p. in-8, d'ap. *Desenne.* Superbes ép, avant la lettre, grand papier, sur chiné. 2 exemplaires.   3

661 — La même suite, avec les eaux-fortes. 14 p. grand-8, sur chine.   5

662 — La même suite, avec 6 eaux-fortes. 13 p.   2 . 50

663 — La même suite, avec 4 eaux-fortes. 11 p. 2 exemplaires.   1

664 — La même suite, avant la lettre, et eaux-fortes, 10 p.   2

665 — La mort d'Abel, édition originale. In-8, d'ap. *Boizot.* 6 exemplaires de 3 vignettes.   3

666 — La même suite et autres. 9 p., avec portrait.   1

667 — Le Mérite des femmes, 12 p., d'ap. *Desenne* et *Deveria*, avant la lettre, et eaux-fortes. Grand in-8. — Autre suite de 10 p. — Autre de 8 p. — Autre de 6 p.   3 . 50

668 — D'ap. *Moreau.* La Mère au berceau de son enfant, avant la lettre, chine, papier de couleur et eau-forte. 22 épreuves.   3

669 — Les Souvenirs, d'ap. *Guérin*, avant, avec et
papier de couleur. 6 épreuves.

2.50 670 — Le poème la Mélancolie, d'ap. *Moreau*,
avant, avec. Eaux-fortes et papier de couleur.
32 épreuves.

671 — Le Poème de la sépulture, d'ap. *Moreau*,
avant, avec. Eaux-fortes et papier de couleur.
46 épreuves.

672 — Vignettes diverses, pour ses œuvres. 27 p.
(Défets).

4.50 673 — Vignettes diverses pouvant illustrer ses
œuvres. Réunion de tous genres et formats.
On a joint 2 p. d'ap. *Isabey*, très-rares. 73 p.

3.8 674 **Legrand d'Aussy**. 18 p., d'ap. *Moreau*,
pour les Fabliaux. Épreuves sur chine volant,
in-8, avec la lettre.

6.3 675 — La même suite. 17 p. sur satin, précieux
exemplaire et 1 sur blanc avant la lettre.

4.3 676 — De la même suite. 54 p. avant la lettre.
Grand papier chine et blanc et eaux-fortes, des
doubles.

9 677 **Lesage**. Le Diable boiteux, Gusman d'Alfarache, Bachelier de Salamanque. Anciennes
suites, très-rares. 133 p. Il y a quelques
doubles.

678 — Gilblas. 20 vignettes in-32, d'ap. *Smirke*.

679 — Gilblas. Suite complète de 24 vignettes
in-12, publiées en Espagne. 4 exemplaires.

6.50 680 — Gilblas, édition Berlin. Suite complète de
7 p. in-12, d'ap. *Chaillou*. 7 exemplaires.

681 — Gilblas, par *Chodorviecki*. 6 p. in-8.

682 — Gilblas. Suite de 100 p., d'ap. *Borel* et *Charpentier*. Grand papier avant et avec la lettre, plus 71 eaux-fortes. En tout 171 p.

683 — Même suite. 84 p. et 59 eaux-fortes. En tout 143 p. in-8.

684 — même suite, 65 et 27 eaux-fortes. En tout 92 p.

685 — Gilblas. Suite complète de 4 p., d'ap. *Marillier*. Plusieurs suites avant et avec la lettre. 24 p.

686 — Gilblas, d'ap. *Victor Adam*. 12 p. sur chine et 2 exemplaires de 12 p. sur blanc. 36 p. in-12.

687 — Gilblas, édition Verdet, d'ap. *Desenne*, et le Diable boiteux. 12 p. sur chine, eaux-fortes et avant la lettre. Suite complète.

688 — Même collection. Plusieurs suites de 4 vignettes et de 4 fleurons sur chine et eaux-fortes, 34, et les défets 14. En tout 48 p.

689 — Gilblas, d'ap. *Desenne*. 9 p. avant et avec la lettre. Grand in-8. Édition Lefèvre.

690 — De la même suite, 60 p. avant, avec et eaux-fortes, la plupart grand papier (Défets).

691 — Gilblas, d'ap. *Deveria*. In-8, eaux-fortes, 24 p. 2 exemplaire.

692 — Gilblas, d'ap. *Gavarni*. Suite complète de 20 pièces grand in-8, sur chine, marge in-4. Superbe.

2.50 693 — Gilblas. Réunion de vignettes diverses, portraits, par des artistes anglais et français. 33 p.

1.50 694 — Gilblas, d'ap. *Staal*. Suite complète de 6 p. grand in-8.

9   695 — Gilblas, d'ap. *Desenne* et *Smirke*. Suite complète de 9 p. Grand in-8 chine, marge in-4. Superbe.

1   696 — Gilblas anglais, d'ap. *Smirke*. 7 p. (Défets).

1   697 **Lesage.** OEuvres d'ap. *Choquet, Deveria*, etc. Suite complète de 12 vignettes grand in-8. —

3   9 exemplaires.

4   698 — Sterne, Goldsmith. 14 vignettes, avant la lettre, sur chine. Grand in-8, d'ap. *Nap. Thomas*.

1   699 — La même suite. 13 p. sur chine. Grand in-8.

2.50 700 — Même suite, Gilblas, Diable boiteux, Voyage sentimental, Vicaire de Vakefield. 10 p., 4 exemplaires.

2.50 701 — Même suite. 9 p., 5 exemplaires.

3   702 — Même suite. 8 vignettes, 11 exemplaires.
    — Même suite. 9 vignettes (Défets).

1   703 — Théâtre et Fabre d'Églantine. 9 vignettes et portrait.

4.50 704 — Théâtre et romans divers. Gusman d'Alfarache, Bachelier de Salamanque et autres. 113 p., des doubles. (Défets).

0   705 — Vignettes diverses pour Bachelier de Salamanque, Gusman d'Alfarache et autres. 18 p.

706 **Longus**. Daphnis et Chloé. Suite de 8 p.
vignettes anciennes.

707 — La même suite, dont 7 p. sont remargées.
Grand in-8.

708 — Daphnis et Chloé. 30 p. Copies faites à Londres, 1779, d'ap. les figures du Régent. Il y a
le Bosquet.

709 — Daphnis et Chloé. Suite complète de 30 p.,
par *Vidal*, d'ap. les figures du Régent, avec
conclusion du roman. 3 exemplaires.

710 — Daphnis et Chloé. Suite de 30 p. par *Au-
dran*, d'ap. les figures du Régent, avec les petits pieds.

711 — Daphnis et Chloé, par *Roger*, d'ap. *Prudhon*.

712 — Vignettes au trait, d'ap. *Prudhon* et *Gérard*.
7 p.

713 — Daphnis et Chloé. Suite complète de 6 p.,
d'après *Prudhon*, *Gérard*, *Hersent*, *Albrier*, avant
la lettre, chine et eaux-fortes, en tout 12 p.
Grand in-8. Exemplaire de choix. 2 suites.

714 — Même suite. Il manque le Bain terminé.
11 p., chine. 3 exemplaires.

715 — La même suite. 6 eaux-fortes, chine et
blanc. 6 exemplaires.

716 — Défets de la même suite. 22 p., eaux-fortes
et terminées.

717 — Réunion de 8 vignettes diverses.

718 — Daphnis et Chloé. Suite complète de 9 vignettes in-4, d'ap. *Prudhon* et *Gérard*. Superbes
épreuves avant la lettre, premier tirage.
3 exemplaires.

719 — Défets de la même suite, chine et blanc et une pièce coloriée, en tout 31 p.

720 **Louvet.** Faublas, d'après *Colin.* Suite complète de 8 p., grand in-8, avant la lettre, dont une avec la lettre et une eau-forte. 2 exemplaires. — Défets 43 p.

721 — D'ap. *Deveria.* In-12. Suite de 10 p. eaux-fortes. 2 exemplaires in-8. — Défets 14 p.

722 — Suite complète de 20 p., d'ap. *Marckl, Rogier,* par *Blanchard.* Grand in-8, blanc et chine. 2 exemplaires.

723 — Suite de 6 p., d'ap. *Marckl.* Grand in-8, chine, avant la lettre. 5 exemplaires.

724 — De la même suite. 20 p. (Défets).

725 — D'ap. *Marillier.* 24 p. avant et avec la lettre.

726 — D'ap. *Marillier.* Suite de 13 p. avant la lettre. — 11 p. — 7 p. — 6 p. — Grand in-8, en tout 37 p.

727 — D'ap. *Marillier,* avec la lettre, 23 p. in-8. — 20 p. — 19 p. — en tout 62 p.

728 — Réunion de vignettes, d'ap. *Marillier* et *Mlle Gérard,* avant et avec la lettre, 26 p.

729 — Suite de 47 p. sur bois, grand in-8, pouvant illustrer toutes les éditions.

730 — D'ap. *Marillier,* avant et avec la lettre, 98 p. (Défets).

731 **Lucrèce.** Suite complète de 7 p., d'ap. *Monnet,* in-4, tirage grand papier. Très-belles ép. avant la lettre.

732 — La même suite de 7 p., avant la lettre.   3
2 exemplaires.

733 — De la même suite et autres, 36 p. (Défets).   2

734 — Réunion de diverses suites, 26 p.   3

735 **Malfilâtre**. Plusieurs collections, d'ap. di-   7
vers artistes, différents formats; plusieurs portraits avant la lettre, en tout 54 p.

736 **Marguerite de Navarre**. Heptaméron,   6 1
d'ap. *Freudeberg*. Édition de Berne, 1780. Papier vergé, toute marge, 140 p. et 19 titres.
(Défets).

737 **Marmontel**. Contes moraux, 35 p. in-8,   16
d'ap. *Gravelot*, avant et avec la lettre et eaux-
fortes.

738 — De la même suite, 88 p., des doubles.   4

739 — Édition in-18, 35 p., d'ap. divers artistes.   1

740 — Pharsale de Lucain, d'ap. *Perrin*, 29   6. 50
avant, avec la lettre et eaux-fortes, in-8.

741 — Les Incas, d'ap. *Moreau*, 10 p. avec la lettre,   8
il y en a 8 avant la lettre, très-rares, en tout
53 p., des doubles.

742 — Bélisaire, d'ap. *Duvivier*, 12 suites de 4 p. à   2. 50
l'eau forte et 20 p. diverses, en tout 68 p.

743 — OEuvres, 74 p., d'après divers artistes,   5
avant, avec et eaux-fortes, des doubles. (Défets).

744 **Martin** (Aimé). Suite de 4 vignettes pour les   1. 50
Lettres à Sophie sur la physique, l'histoire naturelle, etc. 4 exemplaires, chine, avant la
lettre, 16 p.

745 — Défets, la plupart avant la lettre et eaux-
fortes, 76 p.

746 **Métastase**. Vignettes pour ses OEuvres,
d'après *Martini*, *Moreau*, etc., 42 p. in-8.

747 **Meung** (Jehan de), Roman de la Rose. Suite
complète de 5 vignettes, d'après *Monnet*, dont
le portrait, par *Girardet*. Grand papier de Chine,
collé sur papier rose.

748 — La même suite, sur chine, monté sur papier
rose.

749 — La même suite, sur papier blanc, grand
in-8, 5 pièces. 7 exemplaires.

750 — De la même suite, 29 p., avant, avec et
eaux-fortes, des doubles.

751 **Millevoye**. OEuvres complètes, plusieurs
suites pour l'édition originale et les nouvelles
éditions, in-8, d'ap. *Deveria*, *Johannot*, etc.,
80 p.

752 — Plusieurs suites de 6 p., d'ap. *Deveria* et *Johannot*, avant la lettre, 70 p., chine et blanc.

753 **Milton**. Paradis perdu, gravé par *Richter*,
1799, 25 p., grand in-8, remargées comme
chine.

754 — Paradis perdu, grand in-8, 31 p., avant et
avec lettre, marge in-4.

755 — Paradis perdu, in-18, 11 p. — in-8, 6 p. —
ensemble 17 vignettes anglaises.

756 **Molière**, d'ap. *Boucher*, in-18. Suite complète
de 33 p., par *Fessard* et *Legrand*. 5 exemplaires.

757 — D'ap. *Boucher*, in-12. Suite complète de 32 p., remargées comme chine, grand in-8.

758 — D'ap. *Boucher*, in-4, par *Cars*, 27 p., dont 23 à toute marge, très-belles ép. Rares.

759 — Doubles, d'ap. *Boucher*, in-4, par *Cars*, 8 p.

760 — D'ap. *Buquet*. Suite de 12 p., in-8, remargées comme chine, 2 exemplaires grand in-8.

761 — De la même suite, avant, avec et eaux-fortes, 68 p. in-8. (Défets).

762 — D'ap. *Chasselat*. Suite de 12 p., remargées grand in-8, comme chine, avant la lettre — et 2 exemplaires in-8, avec la lettre.

763 — Petite suite, d'ap. *Chasselat*, in-12, avant, avec et eaux-fortes, 39 p., dont des doubles.

764 — D'ap. *Chauveau*, petit in-12. Suite complète de 30 vignettes très-anciennes, costumes Louis XIV. 9 exemplaires.

765 — D'ap. *Desenne*, in-18. Suite de 21 p., avant la lettre, tirage très-grand papier, in-8. Très-rare.

766 — La même suite, in-12, avant la lettre, chine et blanc, 2 exemplaires de 21 p.

767 — La même suite de 21 p., in-12, avant la lettre et in-18. 7 exemplaires.

768 — De la même suite, 38 eaux-fortes, in-12. (Défets).

769 — De la même suite, 35 p., avant la lettre. (Défets).

(769

770 — De la même suite, 80 p., avec la lettre. (Défets).

771 — Édition Lefèvre, d'ap. *Desenne*. Suite complète de 19 vignettes, avant la lettre, sur chine, tirage in-4. Superbe.

772 — La même suite, de 19 p., avant la lettre, grand in-8, chine et blanc. 2 exemplaires.

773 — La même suite, de 19 p., complétée par des vignettes de la suite d'*Horace Vernet*. 4 exemplaires.

774 — De la suite de *Desenne*, in-8, avant la lettre et eaux-fortes, 26 p. (Défets).

775 — De la même suite et autres, avec la lettre, 37 p. (Défets).

776 — Vignettes à l'eau forte, par *Duplessis-Bertaux* et autres, 10 p., grand in-8, réunion. 8 exemplaires.

777 — D'ap. *Moreau*. Édition de 1773. Sicilien, Bourgeois, Femmes savantes, les Fâcheux, Tartuffe. Belles ép. rognées et remargées, 5 p.

778 — D'ap. *Moreau*. Édition de 1773. In-8, avant les retouches; il y a le double de la princesse d'Élide; en tout 35 p. de la (1re suite).

779 — La même suite, 35 p., dont 3 p. de la réimpression; il y a le double de la princes d'Élide. (1re suite).

780 — Vignettes, ancien tirage, 60; du tirage moderne et fleurons, 36, en tout 96 p. 1re suite. — Défets).

781 — Copies de la 1re suite, d'ap. *Moreau*, in-18. Suite complète de 33 p., y compris le portrait. 5 exemplaires.

782 — D'ap. *Moreau*, 2e suite. Suite complète de 31 p., avant la lettre, grand in-8, toute marge. Superbes ép. Rares.

783 — La même suite, 2e, d'ap. *Moreau*, 31 p., grand in-8, ancien tirage, 1812. Très-belles ép.

784 — De la 2e suite. 15 eaux-fortes, 33 avant la lettre, 6 avec la lettre, en tout 54 p. Les eaux-fortes et avant la lettre sont très-rares.

785 — Par *Punt*, in-18. Suite complète de 33 p., d'ap. *Boucher*.

786 — D'ap. *Staal*, grand in-8. Suite complète de 18 p.

787 — Suite complète de 19 p., d'ap. *Horace Vernet*, *Hersent*, etc., avant la lettre : Tartuffe et l'École des Maris, doubles, par différents graveurs ; le Bourgeois gentilhomme et les Fourberies de Scapin, qui sont très-rares, s'y trouvent. Tirage in-4, chine et blanc. 2 exemplaires.

788 — Suite complète de 16 p., d'ap. *H. Vernet* et autres, avec la lettre, grand in-8, blanc, 2 exemplaires.

789 — Eaux-fortes, d'ap. *H. Vernet*, *Hersent*, etc., 14 p., grand papier. Très-rares.

790 — Eaux-fortes, d'ap. *H. Vernet*, des doubles, 27 p. (Défets).

791 — D'ap. *Horace Vernet*. Bourgeois gentilhomme, 4 avant et 2 avec; Fourberies de Scapin, 5 avec (ces 2 p. sont très-rares), et autres,
55 p. (Défets), avant la lettre, chine et blanc.

792 — D'ap. *H. Vernet*, 64 p., avant la lettre. (Défets).

793 — D'ap. *Boucher*, in-18, par *Fessard*, Legrand, etc., 140 p. (Défets).

794 — D'ap. *Brissard* et autres, 66 p. — 80 p. —
2 lots. (Défets).

795 — D'ap. *Daucher* et autres, 50 p. (Défets).

796 — D'ap. *Moreau*, in-18 et in-12, 1804, 54 p.
(Défets).

797 — Généalogie de Molière, 15 p., in-4.

798 — Réunion de vignettes et portraits, en tout
genre, anciennes et modernes, 70 p.

799 **Montesquieu**. Temple de Gnide. Suite
de 10 p.. d'ap. *Gravelot*.

800 — D'ap. *Desrais*, 15 p., avant, avec et eaux-
fortes. (Défets).

801 — D'ap. *Eisen*, 28 p., avant, avec et eaux-
fortes. (Défets).

802 — D'ap. *Monnet*. Suite de 7 p., in-8. 2 exemplaires.

803 — Même suite, 23 p., divers formats (Défets),
— et Collardeau, 28 p., d'ap. *Marillier*, *Monnet*
(Défets), en tout 51 p.

804 — Temple de Gnide, in-18, d'ap. *Regnault* et *Duplessis-Bertaux*, 12 p. Suite complète, format in-12, avant la lettre. Rare.

805 — La même suite, in-12, avec la lettre, 12 p. coloriées.

806 — La même suite, 12 p., d'ap. *Regnault*, in-18, avec la lettre, 13 exemplaires, dont 2 n'ont que 11 p.

807 — De la même suite, et d'ap. *Marillier*, 35 p., avant et avec la lettre. (Défets).

808 — Suite complète de 14 p., d'ap. *Chaudet, Moreau, Peyron, Vernet*, gravées par *Girardet* et autres. Belles ép. avant la lettre, grand in-4.

809 — Même suite, 35 p., avant et avec la lettre, in-4, des doubles. (Défets).

810 — Même suite, avant la lettre, chine, édition grand in-8, 14 p. 2 exemplaires.

811 — Même suite, avant la lettre, grand in-8, sur blanc, 6 exemplaires.

812 — Même suite, 13 p. — 11 p. — 10 p. — 8 p. — vignettes et titres (Défets), 23 p., chine et blanc, en tout 65 p.

813 **Moore** (Thomas). Portraits et vignettes, grand in-8, avant la lettre, chine et blanc. 6 p.

814 — Amours des Anges, d'ap. *Westall*, par *Heath*, 4 p. — Lalla Rookh, d'ap. *Smirke*, 7 p. — Lalla Rookh, d'ap. *Westall*, 6 p. — en tout 17 p.

815 **Morel de Vindé**. Primerose et Zélomire, 68 p., in-18 et in-12, d'ap. *Lefèvre*, avant et avec la lettre. (Défets).

816. **Nodier** (Charles). Contes. Eaux-fortes artistiques, par *Tony Johannot*, 8 p., sur chine, in-8,
tirage in-fol. Superbes ép., avant la lettre.
3 exemplaires.

817 — La même suite, 6 p. Manque le Songe d'Or,
Trilby.
— De la même suite, 13 p., grand papier.
(Défets).

818 **Œuvres de Gustave III**. Vignettes et son
portrait, par *Gaucher*, 11 p, in-8, d'ap. divers.

819 **Orateurs sacrés**. Bossuet, Bourdaloue, Fléchier, Massillon, etc., 37 p. Portraits et vignettes, avant la lettre, grand papier, chine et
blanc, peuvent illustrer les éditions de Lefèvre,
Mame et autres, 4 exemplaires, dont 1 de
36 p.

820 — De la même suite, 37 p., à l'eau forte, grand
in-8. Rare.

821 — De la même suite, 29 p., avant, avec et
eaux-fortes, — 27 p. — 18 p. — 3 réunions.
Grand papier.

822 — Même suite, 29 p,, eaux-fortes, — 30 p. (Défets).

823 — Même suite, 33 p., avant et avec, — 23 p.,
des doubles, — 55 p. (Défets).

824 **Ovide**. Métamorphoses. Traduction de Ville-
nave, 142 p., avant et avec la lettre, in-4, la
plupart toute marge, d'ap. *Duvivier, Le Barbier,
Monsiau, Moreau*. Belles ép.

825 — Même suite, même condition, 141 p. Bellés
ép.

826 — Même suite, 140 eaux-fortes, in-4, toute
marge.

827 — Même suite, 104 eaux-fortes, in-4.

828 — Même suite, 102 eaux-fortes. (Défets).

829 — Même suite, in-8, avec la lettre, 95 p. —
Autre de 90 p., in-8.

830 — Même suite, avant et avec la lettre, presque
toutes in-4, 307 p. (Défets).

831 — Réunion de vignettes, d'ap. *Simon, Coiny* et
autres, 405 p., divers formats.

832 — Métamorphoses, traduites en rondeaux par
Benserade, entêtes de pages par Chauveau.

833 — Traduction de Banier, 50 fleurons et entêtes
de pages, avant et avec la lettre, gravés par
Choffard. Très-rares. Des doubles.

834 — Vignettes, d'ap. *Boucher, Eisen, Monnet, Moreau*, gravées par *Le Mire* et autres, pour la
traduction de Banier, 134 p., dont 45 sont avec
la lettre.

835 — De la même suite, 86 p., avant et avec la
lettre, des doubles.

836 — De la même suite, 260 p., avec la lettre, des
doubles. (Défets).

837 — D'ap. *Quéverdo*, 28 p., des doubles. (Défets).
— D'ap. divers, 18 p., in-8.

838 — D'ap. différents artistes anciens, 156 p.
— Eaux-fortes de diverses suites, 14 p. (Défets).

839 **Palissot**. La Dunciade, le Théâtre, plusieurs suites, 83 p.

840 **Panckouke**. Voyage aux îles Hébrides, 11 p. et texte in-fol., l'île de Staffa.

841 **Parny**. Réunion de vignettes pour ses OEuvres, 92 p., des doubles. (Défets).

842 **Perrault**. Contes des fées, d'ap. *Marillier*, 6 p. — Autre suite de 10 p. Très-anciennes.

843 **Piron**. Suites, d'ap. *Cochin* et autres, 57 p. diverses, des doubles.

844 **Pope**. Suites anciennes, 25 p. — 21 p. — 19 p. — en tout 65 p., in-12.

845 — Suites anciennes, 23 p. — 21 p. — en tout 44 p., in-12.

846 — Suites diverses. Réunion de 32 p. du XVIIIᵉ siècle, in-12.

847 — Pour la traduction des OEuvres ; 44 vignettes, d'ap. *Marillier* et autres, in-8.

848 — Suite de 15 p.. pour la Mèche de cheveux, d'ap. *Stothard*, in-8, remargées comme chine, grand in-8.

849 **Prévost** (abbé). Manon Lescaut, d'ap. *Desenne*. Suite complète de 4 p. et 4 eaux-fortes, grand in-8, avant la lettre. — La même, in-12. — La même, in-18.

850 — Manon Lescaut, d'ap. *Lefèvre*, avant et avec la lettre, des eaux-fortes, 2 titres du tome second, 1797, 21 p. (Défets).

851 — Manon Lescaut, édition Bourdin, grand
in-8, sur bois, 14 p.

852 — D'ap. *Desenne, Deveria, Gravelot, Marillier*,
18 p., eaux-fortes, avant et avec la lettre.

853 — Doyen de Killerine, Cléveland, Grandisson
et autres, 70 p., d'ap. *Marillier*, dont le portrait
de l'abbé Prévost, par *Ficquet*.

854 — Doyen de Killerine, 12 p. anciennes, in-12.

855 — Romans divers. Vignettes, d'ap. *Marillier*,
53 p., très-belles ép., in-8.

856 — Des mêmes suites, 69 p., des doubles. (Défets).

857 **Quinault**. Suite complête de 32 p. anciennes,
in-12.

858 **Rabelais**. Vignettes sur bois, par *Thompson*,
14 p.

859 — Vignettes, d'après *Deveria*, avant la lettre,
chine, avec la lettre et eaux-fortes, 60 p. (Défets) et 2 fac-simile.

860 **Racine** (Jean). Suite complête de 57 vignettes
au trait, in-8, réduction de l'édition Didot.
4 exemplaires.

861 — Suite de 13 vignettes, d'ap. *Garnier* et *Choquet*, in-8. 3 exemplaires.

862 — Suite complête de 13 vignettes, d'ap. *Garnier*, gravées par *Choffard*. Très-belles ép.,
avant la lettre, grand papier. 3 exemplaires.

863 — La même suite, avec les portraits de L. Racine et Arnauld, en tout 15 p., in-8.

864 — Vignettes, d'ap. *Garnier*, 16 avant la lettre, 45 avec, en tout 60 p., par *Choffard* et autres.

865 — Suite de 7 titres, avec vignettes, par *Choffard*, d'ap. *Garnier*. 8 exemplaires.

866 — Titres divers de la même suite, 30 p. (Défets).

867 — Suite complète de 12 vignettes, d'ap. *Choquet*, avant la lettre, remargées à claire-voie.

868 — La même suite, remargée comme chine.

869 — La même suite, in-18, 12 p. 6 exemplaires.

870 — De la même suite, 80 p. (Défets).

871 — Suite de 12 p., d'ap. *de Sève*, in-12. 3 exemplaires.

872 — Suite de 12 p., d'ap. *Monnet*. in-18, 2 exemplaires.

873 — Suite complète de 13 vignettes, d'ap. *Le Barbier*. Superbes ép., grand papier, tirage in-4. Très-rare.

874 — La même suite, avant la lettre, moins Mithridate qui est avec la lettre; on a joint Mithridate, d'ap. *Moreau*, avant la lettre, 14 p. Rares. 2 exemplaires.

875 — La même suite, 13 p., Mithridate, d'ap, *Moreau*, avant la lettre.

876 — La même suite, d'ap. *Le Barbier*, 12 p. avec la lettre, anciennes ép. 3 exemplaires.

877 — La même suite; manque Bérénice, les Plaideurs, Andromaque, Bajazet, 9 p. à l'eau forte, grand in-8. Rares.

878 — La même suite, d'ap. *Le Barbier*, 13 p., grand in-8, papier vélin.

879 — De la même suite, d'ap. *Le Barbier*, 1 eau-forte, 25 avant, 44 avec la lettre, en tout 70 p. (Défets).

880 — Suite complète de 13 vignettes, d'ap. *Desenne, Gérard, Girodet*. Belles ép., grand papier. 8 exemplaires.

881 — Édition Lefèvre, 1820. 19 eaux-fortes, 47 avant la lettre, 50 avec, en tout 116 p., grand in-8.

882 — Même suite, in-8, avec la lettre, 60 p. (Défets).

883 — Suite complète de 13 vignettes, gravées par *Girardet*, d'ap. *Desenne*. Superbes ép., avant la lettre. 3 exemplaires. Très-rares.

884 — La même suite, de *Girardet*, avant la lettre, avec, 9 ép. d'eaux-fortes, en tout 22 p. Très-rares.

885 — La même suite, de *Girardet*, 13 p., avec la lettre. 2 exemplaires.

886 — La même suite, ép. d'eaux-fortes. Très-rares. Il n'a été tiré que 25 exemplaires.

887 — Suite de 13 p., par *Girardet*, tirage in-8, avec la lettre. 3 exemplaires.

888 — Même suite, tirage in-12, avec la lettre. 11 exemplaires.

889 — Même suite, tirage in-18, avec la lettre. 2 exemplaires.

890 — De la même suite, de *Girardet*, avant la lettre et eaux-fortes. 52 p. (Défets).

891 — Vignettes, d'ap. *Gravelot*, 44 avant la lettre, 15 avec, en tout 59 p. (Défets).

892 — Suite de 13 vignettes, d'ap. *Moreau*, avant et avec la lettre, in-8.

893 — Suite complète de 13 vignettes, d'ap. *Moreau*. Belles ép., grand papier, ancien tirage. Édition de Renouard.

894 — De la même suite, 8 p. avant la lettre, 4 eaux-fortes, 3 avec la lettre, en tout 15 p. Rares.

895 — De la 1re suite, de *Moreau*, avant et avec la lettre, 30 p., et réduction de cette suite, in-18, en tout plus de 60 p.

896 — Suite complète, par *Tanjé*, 13 p., dont le portrait, parfaitement remargées à claire-voie, grand in-8. Très-belles ép.

897 — Édition de Lefèvre. Suite complète de 15 p., d'après *Prudhon*, *Desenne*, *Girodet*, *Gérard*, etc., ép. avant la lettre, grand papier, chine et blanc.

898 — La même suite de 13 p., avant la lettre, chine et blanc.

899 — La même suite, dont 2 ép. sont avec la lettre.

900 — Suite complète de 57 p., d'ap. *Prudhon, Girodet, Gérard, Moitte, Chaudet, Taunai* et autres. Il y a une vignette pour chaque acte. Très-belles ép., grand in-8, tirage in-4. Peut entrer dans l'édition du Dauphin. 2 exemplaires. C'est la réduction de l'édition Didot.

901 — La même suite de 57 p. avant la lettre grand papier, peut illustrer toutes les éditions grand papier. 2 exemplaires.

902 — La même suite avant la lettre, dont 2 avec la lettre.

903 — La même suite avec 8 ép. avec la lettre.

904 — La même suite avec 10 ép. avec la lettre.

905 — De la même suite, 90 p. avant et avec la lettre, grand papier (Défets).

906 — Choix de 13 vignettes pour le théâtre, gravrées par *Velyn*, extraites du Racine de Didot, ép. avant la lettre, chine et blanc.

907 — La même suite, 13 p. avant la lettre chine, dont 1 ép. avec la lettre blanc.

908 — La même suite, 13 p. avant la lettre blanc, dont 1 avec la lettre.

909 — Vignettes diverses pouvant servir à l'illustration des œuvres et portraits. 100 p., plusieurs rares et curieuses.

910 — Réunion de portraits et vignettes pouvant entrer dans ses œuvres, la plupart avant la lettre. 40 p.

911 — Edition Didot, in-fol., ép. dépareillées, marges coupées. 38 p. (Défets).

912 — Vignettes in-12 anciennes, du XVIII° siècle, des doubles. 280 p. (Défets).

913 **Racine** (Louis). Suite de 3 vignettes in-8, avant la lettre chine, et eaux-fortes. 21 p.

914 — Plusieurs suites d'ap. *Desenne* de 4 vignettes avant la lettre, et eaux-fortes. 97 p.

915 **Raynal**. Vignettes in-4 d'après *Eisen*, 26 p. avant la lettre et eaux-fortes.

916 — Vignettes d'ap. *Moreau*, avant et avec la lettre, et eaux-fortes, in-8 et grand in-8, des doubles. 88 p. (Défets).

917 **Raynal**. Histoire des Indes, plusieurs suites de vignettes avant et avec la lettre, in-8. 71 p.

918 **Regnard**. Suite complète de 13 p. d'ap. *Desenne*. Eaux-fortes sur chine, grand papier in-4.

919 — La même suite avec le Divorce, avec la lettre. 13 p.

920 — La même suite, 13 eaux-fortes, grand in-8. Chine.

921 — La même suite, 13 vignettes. Superbes ép. avant la lettre sur chine, grand papier in-4.

922 — La même suite avant la lettre. Démocrite est avec la lettre. 13 p.

923 — La même suite, avant la lettre chine, grand in-8. 13 p.

924 — De la même suite, 25 p. avant la lettre (Défets).

925 — Vignettes d'ap. *Deveria*. Suite complète de 9 p. avant la lettre, in-18. — La même suite avec la lettre. 18 p.

926 — Doubles des Vignettes, d'ap. *Moreau* et *Deveria*. 35 p. (Défets).

927 — D'ap. *Borel, Marillier, Moreau* et autres. 34 belles vignettes doubles, la plupart avant la lettre (Défets).

928 **Rétif de la Bretonne**. Vignettes d'après *Binet*, pour ses œuvres. 122 p. des doubles (Défets). Costumes du XVIIIe siècle.

929 **Richardson**. Clarisse Harlowe. Suite complète de 21 p. in-8, par *Chodowiecki*. Très-belles ép. avant la lettre.

930 — La même suite. 19 p. — 10 p., réduction in-18.

931 — De la même suite in-8. 49 p. avant la lettre (Défets).

932 — Clarisse Harlowe, d'après *Eisen*, in-18, des doubles. 104 p.

933 — Clarisse Harlowe, d'ap. *Eisen*, in-8. 60 p. (Défets).

934 — Clarisse Harlowe, doyen de Killerine, Pamela, d'ap. *Marillier*. Belles ép. in-8. 65 p.

935 **Richer**. Le Théâtre du monde, 19 p., d'après *Marillier*. 20 p. — 29 p. En tout 68 p.

936 **Riccoboni** (Mme), Vignettes d'ap. *Brion de la Tour*. Costumes anciens, in-8, avant la lettre. 22 p. — Suite incomplète. 10 p. — d'ap. *Choquet*, 19 p. avant et avec la lettre chine et blanc, in-8. En tout 51 p.

937 **Rollin**. Atlas de l'Histoire romaine, 40 p. avec texte explicatif. 2 exemplaires.

938 **Romans anglais**. Vignettes d'ap. *Lafitte* et *Le Barbier*. Il y en a pour le Moine et pour Anne Radcliff, différents formats. 82 p.

939 — Réunion de 67 vignettes et portraits anglais et français, pour Sterne, etc., différents formats. Il y a des doubles, rares.

940 — Le Village abandonné, 8 vignettes d'après *Westall*, in-8.

941 — Réunion de vignettes avant, avec la lettre et eaux-fortes, poème d'Ossian et autres, 75 p., différents formats in-8. Il y a des doubles, rares.

942 — Anciens et modernes, poèmes et pratiques morales et religieuses, différents formats. 47 p., plusieurs sur chine.

943 **Romans grecs**. Édition Merlin, 54 p. in-12. Tirage grand in-8, avant la lettre et eaux-fortes.

944 **Romanciers** du XVIII⁰ siècle. 70 vignettes diverses d'ap. *Lebarbier*, *Myris*, belles ép. en partie avant la lettre, et eaux-fortes, tous formats.

945 **Romans**. Édition Verdet et Lequien, 90 p. avant et avec la lettre chine et blanc, pour Mmes Lafayette, Riccoboni, Souza, Tencin, etc. Différents formats.

946 **Rousseau** (J.-B.). Vignettes d'ap. *B. Picart* et *Lafitte*, la plupart avant la lettre, 38 p. (Défets).

947 **Rousseau** (J.-J.). Suite complète de 20 p. d'ap. *Desenne* et *X. Leprince*, avant la lettre, chine et blanc ; on a joint 9 eaux-fortes. En tout 29 p.

948 — La même suite, avant la lettre, blanc et 9 eaux-fortes. En tout 29 p.

949 — Édition Dalibon, suite complète de 42 p. d'ap. *Deveria*, pour OEuvres complètes, grand papier de chine avant la lettre. Superbes. 2 exemplaires.

950 — La même suite avant la lettre. Grand papier.

951 — La même suite, chine avant et avec la lettre.

952 — La même suite avec la lettre, chine. Grand papier.

953 — La même suite avec la lettre, blanc. Grand in-8.

954 — La même suite, eaux-fortes, 42 p. sur chine, grand papier. 2 exemplaires.

955 — De la même suite, 38 eaux-fortes chine et blanc. — Autre suite de 33 p. chine et blanc

956 — Édition Armand Aubrée, suite de 15 p., d'après *Johannot*, *Deveria* et *Burdet*, très-grand in-8, chine. 2 exemplaires.

957 — La même suite, de 15 p. sur blanc. 6 exemplaires.

958 — Suite de vignettes, d'ap. *Johannot, Burdet*, etc. 24 p. avant la lettre, grand in-4 et grand in-8, chine. 4 exemplaires.

959 **Rousseau** (J.-J.). d'ap. *Desenne et Le Prince*. 99 p. avant, avec la lettre et eaux-fortes des doubles (Défets).

960 — D'ap. *Deveria*, avant la lettre, chine et blanc, 75 p. Grand papier (Défets).

961 — Même suite, eaux-fortes. 46 p. (Défets).

962 — Même suite avec la lettre, chine et blanc. 162 p. (Défets).

963 — D'ap. *Cochin*, in-8 et in-4. 29 p. (Défets).

964 — D'ap. *Le Barbier, Monsiau*, 25 p. in-4 (Défets).

965 — Suite de 60 p., d'ap. *Moreau et autres* in-8.

966 — D'ap. *Moreau, Cochin*, 54 p. grand in-8. — 2 suites de 53 p. — 46 p. — 45 p.

967 — Édition Poinsot, 80 p., d'ap. *Cochin, Marillier, Monnet. Moreau*. Jolis titres pour Héloïse, Emile, etc. Grand in-8. La plupart avant la lettre.

968 — De la même suite, 62 p. La plupart avant la lettre.

969 — De la même suite, 52 p. in-8, — Autre suite de 32 p.

970 — D'ap. *Moreau et autres*, 64 p. grand in-8. — 2 exemplaires. — La même de 64 p. in-8.

971 — D'ap. *Moreau*, in-4, des doubles. 121 p. (Défets). Pourra être divisé.

972 — Édition Armand Aubrée. Vignettes d'ap. *Burdet, Johannot*, etc. 80 p. grand in-4. Magnifiques ép., avant la lettre, d'artistes, des doubles (Défets).

973 — Partition de la musique de ses œuvres. 2 exemplaires.

974 — Les Confessions, suite complète de 14 p., d'ap. *Le Barbier*, édition in-18. — 3 exemplaires dont 1 colorié.

975 — Pygmalion, charmantes compositions, d'ap. *Eisen, Moreau* et autres, 33 p. in-8.

976 **Saint-Lambert**. Les Saisons, différentes suites de vignettes, d'ap. *Eisen, Le Barbier, Moreau*, etc. 61 p. in-8.

977 — Vignettes anglaises, pour les saisons de Thompson et autres. 76 p., divers formats.

978 — Suite de 4 p. in-4, d'ap. *Chaudet*, avant la lettre. 3 exemplaires.

979 **Scarron**. Romans. 46 p. in-8, avant et avec la lettre. 2 frontispices. Théâtre, Virgile travesti (Défets).

980 **Schiller**. Suite de 24 p. allemandes sur bois pour les œuvres. In-18.

981 — Jeanne d'Arc, suite complète de 9 p. in-12, d'ap. *Ramberg*, par *Bohn*. — Suite complète de 9 p. in-12. Pour Guillaume Tell, par les mêmes artistes.

982 — Tragedie de Don Carlos, suite de 6 p. allemandes in-8, d'ap. *Catel*. 2 exemplaires.

983 — Vignettes, in-8, hollandaises, par *Bogers*, d'ap. *Buys*. 6 p.

984 — Vignettes, in-8. Pour ses Ballades et Poésies. 24 p.

985 — Vignettes françaises et allemandes pour le Théâtre et ouvrages historiques. 33 p. diverses.

986. — Guillaume Tell. 26 p. in-4, d'ap. *Lips*, *Volmar* et autres artistes suisses. Dont 24 p. sont en bistre.

987 — Le chevalier de Rhodes. 45 p. grand in-4 lithographiées. In-4 en travers.

988 — Suites diverses. 84 p. de tous formats, pour le Théâtre et ouvrages historiques (Défets).

989 **Ségur**. Les femmes. 24 vignettes diverses, avant et avec la lettre.

990 **Sevigné** (Mᵉ de). Collection de 20 portraits du siècle de Louis XIV. Blaise 1818. In-8 avec texte broché.

991 — Suite complète de 20 p. sans texte.

992 — Collection Dalibon, d'ap. *Deveria*. 25 portraits, avant la lettre sur chine. Tirage in-4. Superbes. 2 exemplaires.

993 — La même suite. 2 exemplaires, chine et blanc.

994 — La même suite avec la lettre, chine. Grand in-8.

995 — La même suite, eaux-fortes pures. 3 exemplaires.

996 — De la même suite, 41 eaux-fortes, 19 avant la lettre, 23 avec la lettre. En tout 83 p. (Défets).

997 — Réunion de vignettes et portraits par *Masquelier*, 34 p. grand in-8 et fac-simile. 4 exemplaires.

998 — Réunion de vignettes, d'ap. *Defrene* et *Le Barbier*, gravées par *Thomas*, 1787. Grand in-8. Portraits, Vues, Éventails, etc. 5 lots de 36 à 25 p. chaque.

999 — Choix de portraits par *Dien*, *Masquelier*, etc. Avant toute lettre; lettres grises à un trait, qui sont très-recherchés. M⁵ de Sévigné, de Grignan, Simiane, Charles et Henri de Sévigné, Coulanges et autres. Magnifiques ép. Grand papier. 8 lots de 14 p. à 8 p. Chaque lot sera vendu séparément.

1000 **Shakspeare's**. Leben von Chalmers. Vol. de 39 p. au trait et texte allemand. In-8, cartonné en toile.

1001 — Works. Illustrations pouvant servir à toutes les éditions, au trait et sur bois. Paris, Baudry, 1839. Broché.

1002 — Collection des acteurs et actrices en costumes qui ont joué des rôles dans ses pièces. 40 portraits en pied.

1003 — Les héroïnes de ses œuvres, 45 portraits, très-grand in-8, par des artistes anglais, 1846. 15 livraisons.

1004 — Galerie des Femmes pour ses œuvres, 79 p. grand in-8 octogone. Il y a quelques doubles.

1005 — Suite complète de 40 vignettes, d'ap. *Corbould* et autres. Grand in-8 avant la lettre chine.

1006 — Suite de 60 p., grand in-8, pour les œuvres complètes, d'après les peintres du XVIIIe siècle. Peut servir à toutes les éditions. 5 exemplaires.

1007 — Réunion de 110 vignettes en tous genres, avant, avec et eaux-fortes. — Autre réunion de 47 p. en tous genres. Grand in-8.

1008 **Swift.** Voyage de Gulliver, d'ap. *Marillier*, 50 p. avant et avec la lettre. In-8 et in-18 (Défets).

— Le Conte du tonneau, 9 p. in-8, belles ép.

1009 **Tasse.** Sa vie. Suite complète de 4 p. et 4 eaux-fortes. 8 p. d'ap. *Ducis.* très-grand papier.

1010 — Jérusalem délivrée. 17 p. avant la lettre chine et 1 sur blanc. Grand in-8, par *Adam*.

1011 — La même suite, 20 p. avant la lettre sur blanc. Grand in-8.

1012 — Jérusalem délivrée, d'ap. *Chasselat*. In-12, tirage in-8, 24 p. avant la lettre. 3 exemplaires.

1013 — Jérusalem délivrée, d'ap. *Cochin*, 25 p. in-4, avant, avec et eaux-fortes, doubles. (Défets).

1014 — Jérusalem délivrée, d'ap. *Colin* et *Rogier*, avant et avec la lettre, différents formats, 34 p. des doubles.

1015 — Jérusalem délivrée, d'ap. *Bergeret, Chasselat, Desenne.* Suite complète de 4 p. avant la
lettre chine et blanc. 2 exemplaires grand in-8.

1016 — La même suite, 4 p. grand in-8 avant la
lettre blanc. 2 exemplaires.   5.50

1017 — La même suite, 4 p. grand in-8, avant et
avec la lettre, 4 exemplaires.   2

1018 — La même suite, 4 p., et les 4 eaux-fortes,
8 p. — Autre suite de 7 p.   5,50

1019 — Jérusalem délivrée, suite complète de 20 p.
d'ap. *Gravelot*, 2 titres, 2 portraits, en tout 24 p.
grand in-8.   16

1020 — De la même suite, 34 p. d'ap. *Gravelot*, belles ép. avant la lettre, grand papier (Défets).   12

1021 — De la même suite, 72 p. d'ap. *Gravelot*, avec
la lettre, différents formats.   4

1022 — Suite complète de 20 fleurons avant la lettre, tirées à part du texte, plus 58 portraits
fleurons (Défets). 78 p.   7.50

1023 — Jérusalem délivrée, suite complète de 24 p.
dont le portrait, d'ap. *Le Barbier*. Superbes ép.
avant la lettre, marge. In-4.   12.50

1024 — La même suite, 21 p., d'ap. *Le Barbier*,
avant la lettre. Grand in-8.   6.50

1025 — De la même suite, 96 p. avant et avec la
lettre et eaux fortes, différents formats (Défets). 11

1026 — Vignettes diverses de différentes éditions,
différents ormats, 51 p. et 4 titres sur vélin
Défets).   2.5

1027 **Tasse** (la Vie du), d'ap. les dessins de *Ducis*. Épreuves avant et avec la lettre, eaux-fortes, chine et blanc. Tirage grand in-4, superbes épreuves. Le Tasse et la princesse Eléonore, 110 épreuves. — Montaigne visitant le Tasse dans sa prison, 100 épreuves. — Le Tasse et sa sœur, 93 épreuves. — Mort et apothéose du Tasse, 129 épreuves, ent tout, 432 p.

1028 **Tassoni**. Suite complète de 40 p. pour la Secchia rapita, portraits, titres, vignettes, fleurons, d'ap. *Gravelot*.

— De la même suite, 14 p. avant et avec la lettre, différents formats (Défets).

1029 **Tencin** (Mme de). Vignettes d'ap. *Choquet*. Grand in-8, doubles.

1030 **Théâtre grec**. Vignettes d'ap. *Borel, Le Barbier* et autres, 25 p. avant la lettre, grand papier.

1031 — La même suite avec la lettre, grand papier, 25 p.

1032 — La même suite, in-8, avec la lettre, 25 p. 4 exemplaires.

1033 — De la même suite et autres, 33 p. (Défets).

1034 **Théâtre des latins**. Sénèque, Térence, Plaute, 13 vignettes eaux-fortes et terminées, d'ap. *Cochin*, pour Térence.

1035 — Même suite et autres, 21 p. (Défets).

1036 — Diverses suites pour les auteurs ci-dessus, 90 p., pourra être divisé.

1037 — Vignettes diverses pour Tibulle, Virgile et autres, 81 p.

1038 **Théâtre italien**. Regnard, Dufreni, Campistron, Quinault et autres, 168 p. anciennes. In-12.

1039 — Regnard, Dufreni et autres, 108 p. anciennes. In-12.

1040 — Mêmes suites, 61 p., — 58 p., — 55 p., — 36 p. anciennes, 210 p. In-12.

1041 **Théocrite**. 50 vignettes avant et avec la lettre, superbes.

1042 **Thiers**. Histoire de la Révolution, suite complète de 100 p. d'ap. *Johannot Scheffer*, ép. de souscription. Grand in-8, sur chine.

1043 — La même suite, 100 p. Grand in-8, sur blanc, ép. de souscription. 3 exemplaires.

1044 **Thierry** (Auguste). Conquête des Normands, 29 p. gravées sur bois, ép. chine. 8 exemplaires.

1045 **Tibulle**. Elégies. Suite complète de 15 p. grand in-8, très-belles ép. 4 exemplaires dont les portraits de Mirabeau et de Sophie.

1046 **Trenck** (Mémoires du baron de). Suite de 9 p. in-8, d'ap. *Borel*, grande marge. 3 exemplaires.
— De la même suite, 24 p. in-8, belles ép., des doubles (Défets).

1047 **Tressan** (comte de). Suite complète de 13 p., d'ap. *Collin*, dont un portrait. Roland furieux, Gérard de Nevers, Jehan de Saintré et autres romans de chevalerie, superbes ép. avant la lettre sur chine. Tirage in-fol.

1048 — La même suite, 13 p. avant la lettre sur chine, tirage in-4, superbe. 2 exemplaires.

1049 — La même suite, 14 p., il y a 2 portraits, avant la lettre sur chine. In-4.

1050 — La même suite, 14 p. grand in-8, avant la lettre chine. 6 exemplaires.

1051 — La même suite, 14 p. grand in-8, avant la lettre blanc. 15 exemplaires.

1052 — La même suite, 14 p. grand in-4, avec la lettre.

1053 — La même suite, 14 p. grand in-8, avec la lettre. 26 exemplaires.

1054 Suite complète de 4 p. pour les romans de chevalerie, d'ap. *Collin*, grand in-8, avant la lettre chine. 22 exemplaires.

1055 — La même suite, de 4 p., avant la lettre blanc. 20 exemplaires.

1056 — De la même suite, 140 p., avant la lettre chine, 80 avec la lettre, 9 eaux-fortes, en tout 229 p. (Défets).

1057 — Vignettes d'ap. *Marillier*, et pour le comte de Caylus. In-8, grand et petit papier, 69 p.

1058 — Vignettes d'ap. *Marillier*, ép. ordinaires, plus de 160 p.

1059 **Tressan** (OEuvres de). 12 portraits, des doubles et 20 vignettes d'après *Marillier* et autres, et sur bois, avec des fac-simile, 33 p.

1060 — Romans de chevalerie, 21 p., d'après *Moreau*, avant la lettre, Jehan de Saintré, Gérard de Nevers, etc., 35 p., des doubles (Défets).

1061 — Romans de chevalerie, 190 p. (Défets).

1062 — Roland l'amoureux, suite complète de 18 vignettes anciennes.

1063 — Romans de chevalérie, Roland l'amoureux, 17 p. d'ap. *Marillier*, très-belles ép.

1064 **Vieux conteurs** (xvᵉ siècle), 8 p. à l'eau-forte. in-12, gravés par *Girardet*. 4 exemplaires.

1065 — De la même suite, 20 p. (Défets).

1066 **Virgile.** Suite de 6 p. in-4, avant la lettre, d'ap. *Boichot*, *Fragonard*, *Le Barbier*, tirage grand papier. 3 exemplaires.

1067 — De la même suite, 70 p., même condition; il y a 6 exemplaires complets et les défets.

1068 — Vignettes pour l'Enéide, les Géorgiques, les Bucoliques, d'ap. *Cochin*, très-belles ép., la plupart avant la lettre, il y a quelques doubles. 116 p. in-12 et in-8.

1069 — Enéide, 50 paysages gravés sous la direction de *Frommel*.

1070 — Suite complète de 16 p. in-8 dont le portrait, avant la lettre, gravée par *Compagnie*, 3 exemplaires et 1 avec la lettre, 4 suites.

1071 — Suite complète de 18 p., d'après *Moreau* et *Zocchi*. In-8, grand papier 4 exemplaires.

1072 — Suite complète de 18 p., tirage in-4, avant la lettre.

1073 — Vignettes d'ap. *Moreau* et *Zocchi*, 17 superbes ép., avant la lettre, grand papier, vignettes et portraits avec la lettre, en tout 30 p., belle réunion.

1074 — D'ap. *Moreau* et *Zocchi*, 18 p., avec la lettre. Grand in-8, 1er tirage. 2 exemplaires.

1075 — Suite complète de 15 vignettes in-4, par *Fittler* et autres. In-4.

1076 — Vignettes in-4, d'ap. *Moreau*, *Gérard*, *Monsiau*, pour l'Énéide, Géorgiques, Bucoliques, la plupart avant la lettre, des doubles, 52 p. (Défets).

1077 — Delille, Milton, Virgile, suite complète, de 18 p. grand in-8, d'ap. *Gérard*, *Girodet*, *Westall*, *Desenne*, etc., belles ép. avant la lettre sur chine, 2 suites.

1078 — La même suite à laquelle on a joint 16 p. sur bois, par *Thompson*, sur chine avant la lettre, en tout 34 p. 3 exemplaires.

1079 — Vignettes diverses anciennes et modernes *Johannot*, etc. et portraits, 62 p.

1080 — OEuvres, d'ap. *Moreau* et *Zocchi*, 115 p. avant et avec la lettre (Défets).

1081 — Géorgiques, Énéide, 18 p. anciennes dont quelques-unes d'ap. *Eisen*, avant la lettre, in-8 et in-4.

— Vignettes au trait, d'après *Gérard*, *Girodet*, 31 p., des doubles.

1082 — Vignettes très-anciennes pour les œuvres, 115 p.

1083 **Voltaire**. Collection complète de 108 p., d'ap. *Moreau*, 1re suite pour les œuvres publiées à Kehl, édition 1784, épreuves avant la lettre, très-rare, très-belle condition, plusieurs à toute marge, quelques-unes remargées à claire-voie. On a joint le titre des estampes avec fleuron, la dédicace au prince de Prusse, la vignette d'Agathocle, par *Simonnet* et par *Delignon*, et le tableau des œuvres.

1084 — Eaux-fortes de la même suite, édition de Beaumarchais, 17 p., des doubles; ces pièces sont rares.

1085 — Édition de Beaumarchais, 1784, suite de 108 pour les œuvres, d'ap. *Moreau*, avec la lettre. 2 exemplaires, ancien tirage.

1086 — De la même suite, avant la lettre, des doubles, 86 p. très-rares (Défets).

1087 **Voltaire**. Suite complète de 100 vignettes pour les œuvres complètes, d'ap. *Deveria*, *Chasselat* et autres, in-8. — 8 exemplaires.

1088 — Henriade, d'ap. *Eisen*. Suite complète de 10 p. in-8. On a joint 4 autres p. d'ap. Eisen, en tout 14 p., avant la lettre, superbes.

1089 — D'ap. *Eisen*. Suite complète de 10 en-têtes de pages, in-8. Superbes ép. avant la lettre. 4 exemplaires.

1090 — La même suite, avant et avec la lettre, 23 p. in-8. — De la même suite, 19 p. (Défets).

1091 — Henriade. Suite complète, d'ap. *Desenne*, 4 p. avant, 4 p. avec et 2 eaux-fortes, en tout 10 p. in-18 et papier grand in-8.

1092 — D'ap. *Moreau*. Suite complète de 10 p. in-8, édition Renouard. 3 exemplaires.

1093 — D'ap. *Moreau*. Suite complète, in-8, 10 p., édition Beaumarchais.

1094 — D'ap. *Queverdo*, 7 p. in-4, en partie eau-forte.

1095 — D'ap. *Gravelot*, 57 p. pour le Théâtre et la Henriade, il y a des doubles. Édition in-4.

1096 — Henriade. d'ap. *Moreau*, in-4, suite complète de 10 p., ancien tirage. 4 exemplaires.

1097 — De la même suite, 25 p., avant et avec la lettre (Défets).

1098 — Suite de 113 p. grand in 8, d'après *Moreau*, belles ép. du 1er tirage à toute marge.

1099 — Suite complète de 160 vignettes et portraits in-8, d'ap. *Moreau*. Édition Renouard, 1820. — 2 exemplaires.

1100 — Suite complète de 80 p., d'ap. *Desenne*, avant la lettre, il y a 4 p. avec la lettre. Très-grand in-8.

1101 — La même suite, avec 5 p. avec la lettre, il manque le chant VI. Grand in-8.

1102 — De la même suite avant la lettre, grand papier chine et blanc, 204 p. (Défets); la légende est au crayon en bas.

1103 — Contes. Suite complète de 11 p., d'ap. *Duplessis-Bertaux*, grand in-8, avant la lettre, sur chine. 9 exemplaires.

1104 — La même suite, avant la lettre, sur blanc. 3 exemplaires.

1105 — Contes, d'ap. *Marillier, Monnet, Moreau*, édition Bouillon, 49 p. Il manque 9 p. Trèsrares.

1106 — Même suite, 23 p. Très-rares.

1107 — Même suite, 45 p., très-rares, des doubles. (Défets).

1108 — Choix de vignettes, d'ap. *Moreau*. Superbes ép. avant la lettre, grand papier. Édition Renouard. 227 p. Très-rares. Il y a des doubles.

1109 — La Pucelle, d'ap. *Chasselat et Devéria*. Suite complète de 21 p., in-8. — La même suite, in-12.

1110 — D'ap. *Duplessis-Bertaux*. Suite complète de 21 p., avant la lettre, in-8.

1111 — La même suite, avant la lettre, grand in-18, chine. — La même, avec la lettre, chine.

1112 — D'après *Gravelot*. Suite complète de 20 p., in-12, avant la lettre. — La même suite, 20 p.

1113 — D'ap. *Marillier, Monnet, Monsiau*. Suite complète de 21 p., édition in-4, avec les cadres, tirage in-fol., avant la lettre. Très-rares. Avec le portrait de Jeanne d'Arc, par *Gaucher*.

7

20   1114 — La même suite, même édition, même format, avec la lettre, et Jeanne d'Arc de *Gaucher*, 22 p. 2 exemplaires.

31   1115 — La même suite, même édition, même format, 21 p., 4 exemplaires, sans Jeanne d'Arc.

19   1116 — La même suite, grand in-8, 21 p., les cadres effacés, anciennes ép., avec le portrait, 22 p.

14
8.50   1117 — La même suite, 22 p., grand in-8, chine — sur blanc. 3 exemplaires.

6.50   1118 — De la même suite, de *Marillier*, tirage in-fol., avec les cadres, avant et avec la lettre, 45 p. (Défets).

25   1119 — D'ap. *Moreau*, 2e suite. Complète de 24 et le portrait, in-8. Très-belles ép.

1   1120 — La même suite, 24, in-8, sans le portrait.

3   1121 — D'ap. *Moreau*, 1re suite. Tirage in-fol., avec les 5 portraits du poëme; 26 p. modernes.

25   1122 **Voyages imaginaires**, d'après *Marillier*; 69 p., in-8. Très-belles ép., grand papier.

1   1123 — Histoire des Naufrages, 54 p., in-8. (Défets).

2   1124 **Walter Scott**. Portraits de femmes, 30 p., in-8, pour ses Œuvres. 2 exemplaires.

1   1125 — De la même suite, 59 p., des doubles. (Défets).

3.0   1126 — Édition Gosselin. Suite complète de 84 p., in-8, avant la lettre, chine, la plupart grand papier, quelques ép. avec la lettre chine.

5.50   1127 — De la même suite, 63 p., grand in-8, avant la lettre, chine et blanc.

1128 — De la même suite, 46 eaux-fortes pures.

1129 — Vignettes, in-8, pour ses OEuvres complètes, publiées par Gosselin, 83 p., eaux-fortes pures, la plupart sur chine, d'ap. *Desenne, Johannot, E. Lami.*

1130 — La même suite, 79 p., la plupart chine, eaux-fortes pures.

1131 — La même suite, 74 p., eaux-fortes pures, la plupart chine.

1132 — Suite complète de 84 titres et fleurons et de 84 vignettes, d'ap. *Desenne, Johannot, E. Lami,* pour l'édition Gosselin, en 84 volumes, 168 p., in-18.

1133 — Fleurons, 181 p.; vignettes, 95 p., in-18, pour la même édition, 276 p. (Défets).

1134 — OEuvres, d'ap. *A. et T. Johannot,* 33 p., eaux-fortes, in-8, tirage in-4, toute marge. 5 exemplaires.

1135 — La même suite, 31 p., in-4 et grand in-8. 2 exemplaires.

1136 — Fleurons, par *Johannot,* 68 p., chine, avant la lettre, grand papier.

1137 — De la même suite, 54 p. — Autre suite, 36 p.

1138 — De la même suite, 167 p., des doubles. (Défets).

1139 — OEuvres. Suite complète de 33 p., d'ap. *A. et T. Johannot,* avant la lettre, chine, in-4. Superbe.

9   1140 — La même suite, 33 p., grand papier chine
          et 1 p. sur blanc. 2 exemplaires, dont 1 avec,
          2 avec la lettre en plus.

7.50   1141 — La même suite, 33 p., chine et blanc, grand
          in-8 et 2 exemplaires in-8.

7.50   1142 — La même suite complète, 33 p., avant la
          lettre, sur blanc. Superbe! Grand papier.

5   1143 — La même suite complète, 33 p., avant et
          avec la lettre.

13   1144 — La même suite, 33 p., avec la lettre, chine.
          1er tirage. Grand papier. *en 11 livraisons*

5.50   1145 — La même suite, 33 p., avec la lettre, blanc,
          grand papier, épreuves de souscription. 2 exem-
          plaires.

5.50   1146 — Suite de 15 vues, d'après différents artistes.
          Très-belles ép., avant la lettre. Grand papier.

18   1147 — Suite complète de 84 fleurons, par *Johan-
16   not*. Très-belles ép. d'artistes sur chine, toute
          marge, 2 exemplaires, grand in-8.

35   1148 — Édition Pourrat. Suite complète de 104
          vignettes et portraits, d'ap. *Raffet* et autres,
          pour Œuvres complètes, la plupart avant la
          lettre, sur chine. Très-rare dans une aussi belle
          condition. Grand in-8.

5   1149 — Même suite, 74 p., titres, fleurons, vignet-
          tes, vues, portraits, grand in-8.

5   1150 — Suite de 31 p., dont le portrait, d'ap. Johan-
          not, Raffet, etc., in-8.

1151 — Illustrations to Tales of my Landlord, d'ap. 2
Stothard, par *Heath*, 7 p., in-8, marge in-4,
1820, demi-reliure.

1152 **Young** (Les Nuits d'). 2 belles vignettes, d'ap. 8
Deveria, avant, avec la lettre et eaux-fortes,
14 superbes ép., in-8, la plupart chine. Peut
former 4 exemplaires.

1153 — Les Nuits, d'ap. *Westall*. Suite complète de 7
12 p. Rare. In-8.

1154 — Les Nuits, 25 p. anglaises et françaises, 1
dont le portrait.

1155 — 48 p. doubles, in-18. 1.5

PORTRAITS

Par noms de personnages

1156 **Abeilard** surmontant son tombeau, dans 2
l'église de Saint-Marcel-lès-Châlons-sur-Saône.
Beau dessin, petit in-fol.. et divers autres portraits différents. 5 p.

1157 **Benserade**. In-12, gravé par *Devritz*, 3
29 épreuves.

1158 **Bernardin de Saint-Pierre**. Diffé- 9
rents, avant la lettre et eaux-fortes, 27 p., des
doubles.

1159 — Gravé par *Wedgewood*, in-8, 27 épreuves, 3
grand in-8.

1160 — Le même, par *Wedgewood*, d'ap. *Girodet*, 20 ép., avant la lettre, sur chine, marge in-4.

1161 — Le même, tirage in-folio, avant la lettre, sur chine, 41 épreuves.

1162 **Boileau**. Différents, anciens et modernes, avant et avec la lettre, par divers artistes, des vignettes, et., 73 p., des doubles.

1163 **Bossuet**. Différents types et graveurs différents anciens et modernes, divers formats, 130 p., des doubles.

1164 **Calvin**, 42 épreuves. — Luther, 45 épreuves. 87 p.

1165 **Cervantes**, in-8, gravé par *Godefroy*, 15 ép.

1166 **Corneille** (Pierre et Thomas). Différents types, divers graveurs, anciens et modernes, avant et avec la lettre, 116 p., des doubles et vignettes.

1167 **Delille**, in-8, gravé par *Plée*, 11 épreuves.

1168 **Dubarry** (Comtesse), in-8, par *Bovinet*. Belle ép.

1169 — Différents, grand in-8 et in-4, par anonyme. Toute marge.

1170 **Ducis**. Portraits et vignettes, chine et blanc, 42 p.

1171 — Par *Corbould* et en pied par *Pauquet*, la plupart sur papier de Chine et avant la lettre, grand papier, 47 épreuves.

1172 — Grand in-8, par *Forssell*, d'ap. *Gérard*, tirage in-fol., 15 épreuves avant la lettre.

1173 **Du Deffant** (Mme). 33 épreuves, par *Forssell*.

1174 **Duplessis-Mornay**, in-8, par *Muller*, 2 . 5
70 épreuves.

1175 **Fénelon.** Divers, anciens et modernes, avant
et avec la lettre, 130 p., des doubles.

1176 **Fléchier**. Divers, par différents graveurs
anciens et modernes, et eaux-fortes, 45 p., des
doubles.

1177 **Fontenelle,** différents; Rotrou, etc,, 30 p.,
des doubles.

1178 **La Bruyère**. Divers formats, par divers
graveurs, avant et avec la lettre, 50 p., des
doubles.

1179 **La Fontaine**. Portraits différents et divers
formats; Mme de la Sablière, avant et avec la
lettre, quelques vignettes, vue de la maison à
Château-Thierry, etc., 200 p., des doubles en
nombre et des fac-simile d'écritures.

1180 — Plus de 100 fac-simile de son écriture et
l'Invocation aux Muses, — maison à Château-
Thierry, avant et avec lettre, 10 ép. de différents formats.

1181 — Portrait, in-8, par *Hopwood*, 12 épreuves,
grand in-8.

1182 — Grand in-8, d'ap. *Le Brun*, 69 épreuves,
avant la lettre et lettre grise, sur chine et sur
blanc, tirage in-4 et grand in-8.

1183 — Mme de la Sablière, d'ap. *Colin*, par *Tony
Johannot*, 46 épreuves, avant et avec la lettre
grise, tirage in-4 et grand in-8.

1184 **La Rochefoucault.** Divers, formats divers, 40 p., des doubles.

1185 **Louis XVI.** Marie-Antoinette et famille, 16 p.

1186 **Massillon.** Divers, différents graveurs anciens et modernes, divers formats, 74 p., des doubles,

1187 — In-8, par *Dequevauvillers*, d'après *Devéria*, 44 ép. avant la lettre, la plupart grand papier.

1188 **Molière.** Types différents, par divers artistes anciens et modernes, avant et avec la lettre, eaux-fortes et vignettes, 109 p., des doubles.

1189 — Grand in-8, d'ap. *Coypel*, par *Pourvoyeur*, 18 épreuves, avant la lettre, chine et blanc, tirage in-4.

1190 **Montaigne,** par *Henriquel-Dupont*, 18 p., avant la lettre, chine et blanc, dont 1 avec la lettre.

1191 — Divers formats, par divers graveurs anciens et modernes, 72 p., des doubles.

1192 **Montesquieu.** Divers, 49 p., avant et avec la lettre et eaux-fortes, des doubles.

1193 — Grand in-8, par *Pourvoyeur*, 33 ép., avant la lettre, chiné et blanc, eaux-fortes, tirage in-4.

1194 **Napoléon Iᵉʳ.** Divers, avant et avec la lettre, sur chine et sur blanc, 23 p., des doubles.

1195 **Necker,** 23 épreuves; — Mᵐᵉ de Staël, 25 épreuves, 48 portraits, in-8, gravés par *Muller*.

1196 **Pascal**. Divers, anciens et modernes, avant
et avec la lettre, divers formats, 57 p., des
doubles.

1197 **Racine** (Jean et Louis). Différents, par divers artistes anciens et modernes, avant et avec
la lettre, eaux-fortes et fac-simile d'écriture,
184 p. de tous formats, des doubles.

1198 **Rousseau** (J.-B.). Divers, avant, avec et
eaux-fortes, 48 p., des doubles.

1199 **Rousseau** (J.-J.). Portraits différents, Mme de
Warens, le Tombeau, etc., 100 p., des doubles.

1200 **Sieyès**, in-8, par *Huot*, 32 épreuves.

1201 **Sobieski** (Jean). In-12, par *Veran*. 33 p.

1202 **Tressan** (Comte de). In-8, par *Pauquet*, d'ap.
Colin. 37 épreuves, avant la lettre, chine et
blanc. Grand papier.

1203 **Voltaire**. Différents Types, par des artistes
anciens et modernes, avant, avec la lettre et
eaux-fortes. 106 p., des doubles.

1204 — Personnages divers pouvant servir dans ses
œuvres. 73 p., des doubles.

1205 — A 60 ans environ. Gravé par Soliman, d'ap.
Frilley. 36 épreuves, avant la lettre, sur chine.
Grand papier.

1206 — A 40 ans, d'ap. *Latour*, par *Pourvoyeur*.
Grand in-8, 40 épreuves, avant la lettre, chine,
blanc et eaux-fortes. Tirage in-4.

1207 — Labeaumelle et Freron. — Portrait de Nonatte. — Charles XII et Leibnitz. — Le Gâteau des rois. — Allégories avec le portrait de Voltaire, différents. 10 p.

PORTRAITS

Classés par graveurs

1208 **Beauvarlet**. L. F. X., duc de Bourgogne. In-8, d'ap. Fredou.

1209 **Bonington** (D'ap.). François Ier et sa sœur. 39 épreuves. Cette jolie vignette peut illustrer l'Heptameron et le Décameron de Boccace, en publication.

1210 **Ceroni**. Mme de Maintenon. — Colbert. 2 portraits avant la lettre, chine. Grand papier, rares.

1211 — Mme de Maintenon, Sévigné, Henriette, Olonne, Larochefoucault, Louis XIV jeune et âgé, Dauphin, Gaston, Richelieu, Turenne, Villars. 12 portraits avant la lettre.

1212 **Chrétien**, graveur au physionotrace. 8 portraits différents, dont 1 par Quenedey, des doubles. En tout 15 p.

1213 **Daullé**. Ph. Hecquet, médecin. In-8, marge.

1214 **De Marcenay**. Jeanne d'Arc. In-8, marge.

1215 — Michel de l'Hôpital, remarqué à clairevoie.

1216 — Sage. Superbe ép. avant la lettre.

1217 — Maurice de Saxe, avant la lettre, remargé
à clairevoie.

1218 — Maréchal de Villars, remargé comme chine.

1219 **Drevet.** De Cisternay du Fay. In-8, d'ap.
Rigaud.

1220 — Princesse Palatine d'Orléans, in-8 en travers. Remargé. Ces deux portraits sont des
bijoux de gravure.

1221 **Esnauts et Rapilly** (Chez). Princes et princesses. 14 p.

1222 **Ethiou** (Adèle) 1833. Portraits du marquis de
Mirabeau, d'ap. *Thérèse Boucher* 1781. Format
in-8 et in-4 avant la lettre. 121 p.

1223 — Le comte de Mirabeau, d'ap. *Boze* 1789.
in-8 et 4. La plupart avant la lettre. 169 p.

1224 **Ficquet.** L'Arioste, petit in-8. Magnifique ép.
avant la lettre. Marge in-4.

1225 — Chenevière. 2 ép. dont une sur chine.

1226 — Corneille. Très-belle ép. Remargée, à claire-
voie. In-4.

1227 — Crébillon. Superbe ép. Remargée, à claire-
voie.

1228 — Descartes. Très-belle ép. Grande marge.

1229 — Eisen, 2 ép. in-8. Édition des fermiers
généraux.

1230 — La Fontaine. Superbe ép. pour les contes.
Remargée à claire-voie.

1231 — La Fontaine des fables, au ruisseau blanc.
Superbe ép.

1232 — La Fontaine. Remargé comme chine. Très-belle ép.

1233 — La Fontaine. Remargé, à claire-voie. Très-belle ép.

1234 — La Fontaine. Superbe ép. sans marge. Remargée.

1235 — Lamothe Levoyer. Très-belle ép. avant les noms d'artistes.

1236 — Lamothe Levoyer. Très-belle ép. avec les noms d'artistes.

1237 — Madame de Maintenon. Papier double. Toute marge.

1238 — Madame de Maintenon. Remargé.

1239 — Madame de Maintenon, sur chine.

1240 — Molière, avec les noms d'artistes, en petits caractère. Superbe ép. Marge.

1241 — Molière. Remargé, à claire-voie. Très-belle.

1242 — Montaigne. Belle ép. Marge.

1243 — Racine. Médaillon entouré de fleurs. En bas, allégorie : dont un Cygne, un Lièvre et un Amour tenant une couronne sur un autel, au bord à droite, sur laquelle est RACINE, qu'il désigne de la pointe de sa flèche. Le portrait que l'on reconnaît n'est qu'ébauché, à peine tracé ; les vêtements et quelques parties de la perruque sont gravés, ainsi que le fond, de la plus grande finesse de burin. Ce portrait inconnu, ne doit pas avoir été terminé. Extrêmement rare. La marge du cuivre est entière.

1244 — Regnard, avant les noms d'artistes. —

1245 — Regnard, avec les noms d'artistes.

1246 — Jean-Baptiste Rousseau. Très-belle ép.

1247 — Jean-Jacques Rousseau. Superbe ép. Marge.

1248 — Vadé — de Chenevière. 2 portraits.

1249 — Voltaire. Très-belle ép. Marge.

1250 — Voltaire. Superbe ép. Remargée, à claire-voie.

1251 — La Fontaine des Contes, 2 ép. — Eisen; 2 ép. — Miéris — Lamothe Levoyer. 3 p.

1252 **Leu** (Th. de). Aliénor, reine de France — Habicot — Henri III — Comté de Chaligny — Louise de Lorraine — Passerat — Philippe II. 7 pièces.

1253 **Moreau** (Le jeune). Duc de Lavrillière. in-8. Remargé. Rare.

1254 — Louis-Auguste Dauphin, d'ap. *Hall*. Toute marge.

1255 **Quenedey**. Barnave, en couleur; avant toute lettre.

1256 — Bazire, représentant du peuple à la Législative.

1257 — Saligant Morillou, commissaire en 1792.

1258 — Vadier, conventionnel. Ces portraits sont de la plus grande rareté.

1259 **Savart**. Bayle. Remargé.

1260 — Bernis. Toute marge.

1261 — Boileau. Carré. Très-belle ép.

1262 — Bossuet. Très-belle ép.

1263 — Buffon.

1264 — Catinat. Toute marge.

1265 — Christian VII

1266 — Colbert adresse : Barrière de Fontarabie. Superbe. Marge.

1267 — Montesquieu.

1268 — Torquato Tasso. Toute marge.

1269 **Vangelisty**. 1775. Anne-Marie Martinozzi, princesse de Conty, d'ap. *Petito*. — Armand de Bourbon Conty. 2 p. in-8. Très-belles ép, Marge. Rares.

1270 **Van Schuppen** 1695. Mme Deshoulières, in-8.

1271 **Wortington**. Portraits des souverains d'Angleterre. Collection complète de 36 pièces sur chine. In-8, marge. Petit in-fol. superbe.

1272 Collection complète de 100 portraits de personnages historiques, français et étrangers, pour illustrer les Mémoires de Saint-Simon, Lettres de Mme de Sévigné, etc. Très-belles ép. grand in-8, avant la lettre chine. Plusieurs exemplaires.

1273 La même suite, de 100 portraits. Très-belles ép. avant la lettre. Grand in-8, sur blanc, Plusieurs exemplaires.

1274 **Ecrivains** religieux. Bourdaloue, Fleury, Mascaron. Différents formats, différents types anciens et modernes. 54 p., des doubles.

1275 **Acteurs** en costumes, d'ap. Fœch, noir et couleur. 27 p., des doubles.

1276 — Brisart et Molé, en costume, dans Mélanide. 82 épreuves.   4

1277 **Auteurs dramatiques**. Beaumarchais, Crebillon, Collin d'Harleville, Ducis, etc. 47 p. des doubles.   10 50

1278 — Divers, anciens et modernes. 43 p. avant et avec la lettre.   4 50

1279 **Littérateurs**. Charron, Duclos, Duguet, Grotius, Vauveuargues, divers, anciens et modernes. Tous formats avant et avec la lettre. 32 p., des doubles.   4

1280 — Ducis, Duval, Laharpe, etc. 25 p., des doubles.   16

1281 — Chateaubriant, Delille, Milton et autres, 25 p.

1282 **Poètes** et **Chansonniers** français et étrangers. Béranger, Desaugiers et autres. 135 p. de tous formats, des doubles.   12 50

1283 **Romanciers** célèbres. Choderlos de Laclos, Lesage, Louvet, l'abbé Prevost, etc. 140 p. divers formats, des doubles.   9

1284 **Femmes célèbres**. Reines, princesses, de diverses époques. 77 p., des doubles.   14

1285 — En tous genres, de diverses époques, de tout format. Environ 150 p., des doubles.   18

1286 **Portraits anciens**. Balzac, par *Mellan*. Phelipeaux de Chateauneuf, par *Vermeulen*. — Saint Évremont, par *Edelinck*. 2 ép. — Stanislas, roy de Pologne, par *Cathelin*. — Voltaire, par *Balechou*. 2 ép. En tout 7 p.   4 50

1287 **Portraits**. Célébrités diverses, de différents formats. Plusieurs lots.

1288 **Divers**. Bossuet. 7 épreuves. — Fénélon. 4 ép. — Mlle Legras. 11 ép. — Saint Vincent-de-Paul. 8 ép. En tout 30 p.

1289 — Général Foy. 3 épreuves. — Hérodote. 8 ép. — Napoléon. 5 ép. — Schweighauser. 10 ép. En tout 26 p.

1290 — Marion Delorme. 7 épreuves. — Ninon. 3 ép. — Montaigne. 4 ép. — Saint Évremont. 7 ép. — Franklin. 10 ép. — Lamballe. 7 ép. — Lady Morgan. 10 ép. En tout 45 p.

ESTAMPES DIVERSES

Ornements et Vignettes, en lots

1291 **Anonyme**. L'Entrée en garnison. — La Sortie de garnison. 2 p. in-4, en couleur.

1292 — The celebrated Marshal Ney. Le Maréchal Ney mort sur un brancard, une sœur agenouillée priant. Grand in-fol., imprimé avec ton. Sup. ép., marge.

1293 **Bleich** (Georges-Henri), 1696. Ornements pour émailleurs. 5 p.

1294 **Boilly**. La dispute de la Rose. — La Rose prise. 2 p. grand in-fol., marge.

1295 **Bois modernes** et Eaux-fortes de *Célestin Nanteuil* et autres, d'après *Granville, Johannot, Raffet* et autres. Nombre sur papier de Chine, belle réunion. 206 p.

1296 **Boucher** (D'ap.). L'Amour à l'épreuve, 1er état avant le changement. *Beauvarlet direxit.*

1297 **Caricatures** noir et couleur. Costumes. 30 p.

1298 **Chevillet**. Les Enfants grondés. Grand in-fol., d'ap. *Peters*. Sup. ép. avant la lettre, marge.

1299 **Chodowiecki**. Caroline de Lichtfield et autres. 18 p., pour diverses illustrations.

1300 **Choffard**. Fleurons, Allégories, etc. 18 p. superbes.

1301 **Cochin**. Figures allégoriques, et autres vignettes. 75 p.

1302 **Collaert** (Adrien). Paris. — Dieu, Fleuve entourés de figures. — Les 12 Césars entourés d'ornements, avec figures. En tout 15 p.

1303 — Pendeloques diverses. 5 p. belles et rares.

1304 **Costumes** de la Monarchie française. 23 p. in-8, avant la lettre.

1305 **Costumes** turcs lithog. coloriés et rehaussés d'or. 8 p., avec 2 groupes sur chaque feuille.

1306 **Darcis** et autres. Allégories : la Force, la Fraternité, la Raison et autres, la Bastille, etc. 28 p.

1307 **Dardoise**. Paysages, lithog. coloriées. Imitation d'aquarelle. 17 p. in-4.

8

1308 **De Launey**. Premier, second et troisième voyage aérien, de Montgolfier, etc. 3. p. grand in-8. Superbes.

1309 **Desrais**. Confessions du comte de ***. 9 vignettes, grand in-8. Costumes de 1775.

1310 — De la même suite. 7 p. grand in-8, remargées comme chine.

1311 — De la même suite, 5 p. (Défets).

1312 **Deveria** (D'ap.). Vignettes pour la satyre Menippée, avant la lettre, chine. 8 p. Cette collection peut illustrer la Henriade de Voltaire.

1313 — La même suite, de 9 p., complète, avec la lettre, chine.

1314 — De la même suite. 6 p. grand in-8.

1315 — De la même suite. 21 p. avant, avec et eaux-fortes (Défets).

1316 **Duplessis Bertaux**. Enfant prodigue. 12 p. — 10 p. Métiers, Scènes théâtrales, Batailles, etc. 120 p. En tout 142 p.

1317 — D'après. Vignettes in-8 en travers. Scènes de la Révolution française. 48 p.

1318 — Théâtre français. Épreuves doubles, avant et avec la lettre. 23 p.

1319 **Eisen** (D'ap.). Vignettes pour divers ouvrages. 66 pièces.

1320 **Gatine**. Travestissements de 1 à 22, suite de 22 p. coloriées.

1321 — Costumes turcs, d'hommes et de femmes, dessinés d'ap. nature, 1809. 25 p.

1322 **Gelée**. Daphnis et Chloé, d'ap. *Hersent*. Superbe ép. in-fol. sur chine, avant la lettre. Toute marge.

1323 **Gérard** (D'ap. Mlle). Le Bouquet ? — La Lettre? d'ap. Fournier, 2 p. grand in-fol. avant la lettre. Marge. Superbes ép.

1324 **Gessner**, Fleurons, Titres, en têtes de pages. 50 pièces.

1325 **Girardet**. La Rosière de Salency, plusieurs suites. 30 p. chine et blanc.

1326 **Girodet** (D'ap.). L'origine du dessin, par *Dupont* et autres, par *Bein et Muller*. 3 p. Superbes ép. avant la lettre, sur chine.

1327 — De la même suite, 5 p. Tirage in-fol. 4 sont sur chine.

1328 **Gravelot** (D'ap.). La partie de chasse d'Henri IV et autres vignettes. 34 p,

1329 **Gravures chinoises**. Vases de fleurs et fruits, oiseaux. 24 p. coloriées des doubles.

1330 **Meels** (Johann) et autres. Nœuds de brillants, Bagues, Pendeloque et Montre, Ornements de bijouterie, pour émailleurs, lapidaires etc. 10 pièces.

1331 **Hollar**. Pot à couvercle et Théière, 2 p. d'ap. Holbein.

1332 **Johannot** (Tony). Victoires de la République Française. Deux fleurons pour titres avant toute lettre, sur chine. Grand papier. 17 ép. du pont d'Arcole. 14. ép. du Moulin, en tout 31 pièces.

1333 — Et autres 88 p. en tous genres, la plupart avant la lettre. Très-grand papier des doubles.

1334 **Leclerc** (Sébastien). Costumes, 44 petites p. et 30 doubles, en tout 74 p.

1335 — Le Labyrinthe de Versailles, fables, suite complète de 37 p. in-8.

1336 **Lithographies**. Caprices des peintres de Sèvres 1832. 34 p. in-4.

1337 **Marillier**. Fleurons pour Dorat, Titres pour Gessner et autres, beaucoup avant la lettre. 95 pièces.

1338 — Education d'Henri IV, d'ap. Marillier. 19 p. in-8.

1339 **Mignot** (Daniel) 1593, à Augsbourg. Pendeloque et Ornements pour émailleurs. Les sept Vertus formant chacune le sujet principal de chaque pièce, 8 p. Rares.

1340 **Moreau** Le Jeune. Vignettes pour Marie-Thérèse et autres ouvrages. 50 p.

1341 — Médailles pour l'Histoire de France, 14 p.

1342 — Allégories sur les Arts, par les meilleurs graveurs, pour titres du Musée français. 15 p. des doubles et des eaux-fortes.

1342 bis — Héloïse et Abeilard. 11 p. in-4. avaut, avec la lettre et eaux-fortes.

1343 **Musard** 1678. Orfèvre. Livre de divers ornements. 6 p. Chez l'auteur à Genève.

1344 **Oleszczynski**. Variétés polonaises 60 p.

1345 **P. R. K.** 1609. Ornements pour émailleurs, Pendeloques, etc. 6 p.

1346 **Pièces en couleur**. Coiffures et petits sujets gracieux, divers. 29 p. dont 5 sur satin.

1347 **Ponce**. Les illustres français. Collection complète, de 57 p. in-fol. avec explication des célébrités depuis Charlemagne jusqu'à Napoléon I. Il s'y trouve Boileau, Corneille, La Fontaine, Molière, Montesquieu, Racine, Rousseau, Voltaire. Superbe exemplaire, toute marge.

1348 — De la même suite, 42 p. in-fol. toute marge.

1349 **Porret**. Illustrations typographiques, vignettes, fleurons, allégories, ornements, gravés sur bois, 103 feuilles in-4, contenant chacune nombre de sujets.

1350 **Prud'hon**. Phrosine et Mélidore, in-4, ép. coloriée 3 ép. sur chine et 1 sur blanc, 5 p.

1351 — (D'ap.). Mort de Virginie, in-8 par Roger, eau-forte avant et avec la lettre, 3 p. trèsbelles.

1352 **Vautier** (d'ap.). Le matin, le midi, le soir et la nuit d'ap. *Vanderlyn*. 4 femmes en buste grandeur naturelle, sujets gracieux grand in-fol.

1353 **Vernet** (Horace). Salon de 1822, superbes, ép. avant la lettre chine, 13 p. et 1 avec la lettre sur blanc, 14 p.

1354 — Doubles avant et avec la lettre, 29 p.

1355 — Sujets et portraits divers, in-fol. dont un dessin, superbe aquarelle d'un Majo. 70 p.

1356 — Fac-simile d'écriture de personnages célèbres de toute époque, 300 p.

1357 **Vignettes anglaises.** Sur chine et sur blanc; avant et avec la lettre; pouvant illustrer les grands auteurs anglais et français. 76 p. 2 lots.

1358 — Vignettes de diverses suites, scènes de mœurs etc., d'ap. *Gavarni, Tony Johannot*, 53 p. sur bois.

1359 — Les amours de Héro et Léandre, ép. avant la lettre, avec et eaux-fortes, 29 p. in-8, dont 7 photog. des doubles.

1360 **Vignettes** d'après les tableaux des grands maîtres et autres, avant et avec la lettre, pouvant servir aux illustrations, plusieurs lots.

1361 — Vignettes diverses, sujets mythologiques et gracieux pouvant servir pour Ovide. Lettres à Émilie etc., plusieurs lots.

1362 — Sujets divers, Daphnis et Chloé, sujets religieux, et militaires, portraits en pied d'hommes et femmes célèbres, à l'eau-forte pure, plusieurs lots.

SUITES COMPLÈTES DE VIGNETTES

En nombre, en feuilles, demi-reliure, etc.

1363 **Crébillon**. Suite complète de 10 p. in-18 avant la lettre, d'ap. *Monnet*.

1364 **La Fontaine**. Fables suite complète, de 60 p. d'ap. *Couché* et autres, édition Nepveu in-8.

1365 — Complément aux œuvres de La Fontaine par Walkenaer, brochure grand in-8.

1366 — Contes, suite complète, de 64 Fleurons, d'ap. *Choffard*, papier de chine volant. — Même suite, papier vergé.

1367 — Suite, de 40 p. d'ap. *Desenne, Duplessis-Bertaux* et autres, in-18, avant la lettre.

1368 — Suite, de 75 p. d'ap. *Dessenne, Monnet* et autres, in-18, avant la lettre.

1369 — Suite complète, de 95 p. par *Dupless-Bertaux* édition Cazin, avant la lettre, sur chine, grand in-8.

1370 — La même suite, 95 p. avant la lettre, papier vergé, grand in-8.

1371 — La même suite, de 95 p. avant la lettre, grand in-18.

1372 **Molière**. Suite complète, de 12 p. d'ap. *Chasselat*, in-8.

1373 **Voltaire**. Suite complète, de 21 p. sur chine, par *Duplessis-Bertaux* pour la Pucelle d'Orléans, grand in-18, papier de fil encollé. — La même suite, sur blanc.

PLANCHES DE CUIVRE

1374 **Gessner**. Suite, de 34 planches de cuivre. Fleurons d'après *Le Barbier* et autres, pour les œuvres; peuvent illustrer toutes les éditions.

1375 **Heptaméron**. Contes de la reine de Navarre. suite complète, de 74 planches de cuivre, d'après *Freudeberg*, pour l'édition de Berne 1780, peut servir à illustrer toutes les éditions in-8. Charmante collection.

1376 **La Fontaine**. Suite complète, de 65 planches de cuivre. Fleurons d'après *Choffard* et *Eisen* pour les contes et le portrait de Choffard.

1377 **Portrait** de Bossuet gravé par *Leroux*. — Fénelon par *Macret*. — Mlle de Gras. — Saint Vincent de Paul, 4 planches de cuivres, in-8.

1378 — Calvin par *Chaponnier*. — Luther par *Augrand*. — Franklin. — Montaigne par *Leroux*, 4 planches de cuivre, in-8.

1379 — Portrait de Me du Deffant par *Forshel*. — Me de Lamballe par *Cook*. — Lady Morgan par *Mecou*. — Siéyes par *Huot*, 4 planches de cuivres in-8.

1380 — Marion de Lorme. — Ninon de Lenclos. — Saint-Évremont par *Macret*. — Me de Staël — Necker par *Muller*, 5 planches de cuivre, in-8.

1381 — Portrait du général Foy par *Couché*. — Hérodote par *Bein*. — Napoléon par *Cook*. — Guillaume Tell par *Malapeau*. — Schweighauser par *Thomson*, 5 planches de cuivre, in-8.

DESSINS

Ve Renou, Maulde et Cock, impr. de la Cie des Commissaires-Priseurs,
rue de Rivoli, 144

RENOU, MAULDE ET COCK
IMPRIMEURS DE LA COUR... DE COMMERCE, PARIS
Rue du Rivoli...

57   Étranger, Amérique 12   5

545   France et Paris nouveau 98 10

190   Paris Lacquin 15

        Port des 45 Catalogues chez M. Ducan ...   1

        annonce au Moniteur universel 56
                        27 avril

        ——— Messager de Paris 24 avril 18

        ——— Soleil   27 avril 13 50

        ——— Journal de Paris 10 Mai 13 50

                    5%   10%
Honoraires   188 05   1691 50   1600
                                     ————————

                                      1.827 60

...sabeth - Charlotte de Bourbon, Duchesse de [...]
(Desroch[...]
...besse de Chelles (avec la crosse) p... [...] D[...]
M.me Elisabeth p... Hoppwood publ[...] [...]
La même - pub... p... Renouard
La même - Cables avec armes au-dessous [...]
M.r Guiard, p.n. de Graveur.
...même p.a Desmaisons ; imp. Lemercier [...]
...erdinand (L) d'après Van Dyck - Portrait
d'une dame anonyme ; elle est tournée vers la [...]
...coiffée en cheveux et porte un collier de p... [...]
en h.